레니게이드

댄 S. 케네디·리 밀티어 지음 | 안진환 옮김

니와숲

애덤 위티의 머리말

안녕하십니까.

저는 댄 케네디스 마그네틱 마케팅 Dan Kennedy's Magnetic Marketing

CEO 애덤 위티 Adam Witty입니다. 댄 케네디 Dan Kennedy에 대해

처음 알게 되었던 때의 이야기부터 해볼까 합니다.

　때는 2006년 8월, 저는 제 인생 최고의 선물과도 같은 아

주 놀라운 프로그램에 가입했습니다. 바로 단돈 19.97달러에

댄 케네디의 '헛소리 1도 없는' 마그네틱 마케팅 레터를 받아

볼 수 있는 3개월 회원 프로그램이었습니다.

당시 저는 작은 사업을 시작한 지 1년밖에 안 된 상태였습니다. 직원이라곤 저까지 합쳐 모두 두 명뿐이었습니다. 사무실도 우리 집 여분의 침실에 차렸습니다. 실제로 제 책상은 침실에 있었습니다. 그 시절 저는 그저 사업을 유지하는 것만도 벅차서 고군분투하고 있었습니다. 마치 어제 일처럼 생생히 기억나는군요.

그 뉴스레터가 우리 집에 도착한 날이 너무도 또렷이 기억납니다. 저는 그것을 집어 들고 사무실(침실)로 걸어 들어와 문을 닫은 후 침대에 기대어 앉아 표지에서 맨 뒷장까지 한 자도 빼놓지 않고 읽었습니다.

뉴스레터에는 '글로 만나는 마케팅 세미나'라고 적혀 있었습니다. 그리고 확실히 그렇게 느껴졌습니다. 저는 두 시간 반 동안 밑줄을 그어가며 읽고 또 읽었습니다. 훌륭한 아이디어가 정말 많았습니다.

'헛소리 1도 없는' 마그네틱 마케팅 레터는 문자 그대로 향후 30일 동안의 마케팅 계획을 담고 있었습니다. 당장 실행에 옮겨도 좋을 만한 마케팅 캠페인이 최소한 서너 개는 됐습니다.

마그네틱 마케팅 레터 뒷면에는 굵은 글씨로 다음과 같은 표제어가 적혀 있었습니다.

댄 케네디의 레니게이드 백만장자 시스템

그렇습니다. 창간 이후 지금까지의 모든 호에서 레터의 뒷면은 항상 '레니게이드 백만장자Renegade Millionaire'가 되어야 한다는 아이디어에 초점이 맞춰져 있습니다.

사실 저는 '레니게이드 백만장자'라는 라벨을 처음 보았을 때 '흠, 나에겐 해당 사항이 없는 얘기로군'이라고 생각했습니다. 그 이유를 설명하자면, 우선 저 자신을 '이탈자'나 '변절자'를 뜻하는 '레니게이드'로 생각해본 적이 없기 때문입니다. 사실, 저는 스스로 보이스카우트처럼 사는 사람이라고 생각하고 있었고, 따라서 제 삶과 사업을 영위하는 방식을 설명할 때 '레니게이드'라는 단어를 쓰는 게 전혀 어울리지 않다고, 어쩌면 그렇게 말하는 건 모욕에 가깝다고 생각했습니다. 그러나 그 뒷면의 나머지 부분을 마저 읽으면서, 저는 레니게이드 백만장자가 된다는 것이 오토바이 할리 데이비슨을 타고 시가를 피우고 위스키를 마시고 수염을 기르고 어깨에 힘주며 돌아다니는, 그런 부류처럼 행동하는 것이 아니라는 것을 깨달았습니다. 레니게이드 백만장자는 인습적인 사고방식을 타파하고, 다르게 생각하며, 사업가로서의 성공을 끌어들이고 창출하는 데 활용할 수 있는 세계관을 보유하는 것이 핵심입니다.

실제로 댄 케네디에게 레니게이드 사업가가 된다는 것은 흐름을 거스르고, 업계의 규범을 무시하며, 자기 자신과 자신의 사업을 하나의 범주에 넣는 것을 의미했습니다. 댄 케네디는 레니게이드 백만장자에 관해 이야기할 때 종종 항공 산업의 통념에 도전한 사우스웨스트 항공Southwest Airline의 공동 설립자 허브 켈러허Herb Kelleher 같은 인물을 예로 들곤 했습니다.

여기서 잠깐 켈러허에 대해 알아보고 갈까요.

- 켈러허는 단 한 종류의 비행기, 보잉 737만 운영했습니다.

- 켈러허는 지정좌석제 없이 단 하나의 서비스 클래스만 두었습니다.

- 켈러허는 기내식을 제공하지 않았고, 담요도 주지 않았습니다.

- 켈러허는 허브&스포크 모델 Hub&Spoke[*]을 따르지 않고 지점과 지점을 잇는 경로 시스템을 구축해 논스톱 직항 서비스를 제공했습니다.

- 켈러허는 항공사 운영 비용을 줄이는 데 초점을 맞춰 절감된 비용을 승객에게 돌려주었습니다. '낮은 운임'은 그렇게 사우스웨스트의 만트라가 되었습니다.

---

[*] 자전거 바퀴의 중심축 허브와 바퀴살 스포크가 펼쳐진 것처럼, 각 지점 물량들을 중심에 집중시키고 다시 지점으로 분류하는 시스템.

사우스웨스트의 켈러허는 궁극의 레니게이드입니다. 그는 업계의 규범을 재정의했습니다. 그는 관습적인 지혜를 무시했습니다. 경쟁자가 모두 왼쪽으로 갈 때 그는 오른쪽을 쳐다보고 새로운 모델을 창출해 세계에서 가장 가치 높은 항공사 중 하나를 키워냈습니다. 저는 켈러허의 이야기와 다른 레니게이드 백만장자의 사례를 읽은 후 인생 최대의 깨달음을 얻었습니다.

저도 레니게이드 백만장자가 되고 싶었습니다!

물론 저 역시 2005년 사업을 시작하면서 100만 달러 이상 벌어들이는 성공을 거두기 원했습니다. 그래야 저와 제 가족이 편안한 삶을 누릴 수 있을 테니까요. 사업을 성장시키기 위해 제가 적용한 레니게이드 백만장자 원칙은 저에게 자유와 자율성, 즐거움을 안겨주었습니다. 댄 케네디를 만나지 못했더라면 꿈도 꾸지 못했을 일이지요.

레니게이드 백만장자 원칙은 제가 침실에서 시작한 첫 번째 사업을 어드밴티지 | 포브스북스Advantage | ForbesBooks라는 중견 기업으로 성장시켰습니다. 어드밴티지 | 포브스북스는

전문가 마케팅 분야의 독보적인 기업이자 미국 최대의 경제경영 전문 독립 출판사 중 하나입니다. 현재 미국 전역에 걸쳐 75명 이상의 직원을 고용하고 14개 국에서 1500명 이상의 고객에게 서비스를 제공하고 있습니다.

레니게이드 백만장자 원칙은 또한 제가 정말, 정말 사랑하는 일을 할 기회를 안겨주었습니다. 예를 들어, 아내 에린과 저는 세계 곳곳으로 여행을 떠나는 것을 좋아합니다. 그러기 위해서는 자유가 필요합니다. 자율성도 필요합니다. 그리고 당연히 묵직한 돈지갑도 있어야 하겠지요. 저는 이 모든 것이 댄 케네디의 (세월이 흘러도 변치 않는) 레니게이드 백만장자 원칙 덕분에 가능했다고 생각합니다.

레니게이드 백만장자 원칙 덕분에 저는 2018년 GKIC를 인수할 수 있었습니다. 그 회사가 바로 오늘의 댄 케네디스 마그네틱 마케팅이 되었습니다. 우리는 현재 이 회사를 비즈니스라는 외로운 세상에서 사업가들이 언제든 의지하고 쉴 수 있는 안식처로 만들기 위해 열심히 노력하고 있습니다.

레니게이드 백만장자가 되는 법을 배우게 된 그 마케팅

레터를 처음 받은 이후 지금까지의 세월을 돌아보면, 여러분이 이 책에서 발견하게 될 원칙들이 우리가 성장하고 성공할 수 있었던 이유, 즉 제트 연료였음이 너무도 명명백백합니다. 저는 여러분 모두가 레니게이드 백만장자 원칙과 습관 중 일부를 자신의 삶과 사업에 통합해 저와 다른 많은 레니게이드 백만장자가 그랬던 것처럼 소기의 성과를 거두기를 진심으로 바랍니다.

아울러 여러분이 이 책을 다 읽고 진정 탁월한 사업가의 길을 걷게 된다면, 우리의 레니게이드 백만장자 마스터마인드 Mastermind 팀에 합류해주시기 바랍니다. 서로의 사업을 성장시키는 동시에 서로의 삶을 한 차원 더 높은 수준으로 끌어올리도록 서로 돕는 팀입니다.

레니게이드 백만장자가 되는 것은 다른 어떤 것과도 비교할 수 없는 도전이자 모험이며 보람찬 여정입니다. 여러분 역시 예전의 저와 마찬가지로 신속히 장도壯途에 오를 것으로 믿습니다!

서문

이 책은 댄 케네디와 리 밀터어Lee Milteer, 애덤 위티가 참여한 다양한 인터뷰와 프레젠테이션, 저작 등을 기반으로 레니게이드 백만장자가 되는 사업적 여정을 밟는 데 필요한 것과 그 여정이 궁극적으로 의미하는 바에 대해 설명한다.

댄과 리, 애덤은 모두 그 경로를 탐구하는 개인으로서, 그리고 그 과정에서 다른 사람들을 돕는 지도자로서 각자의 고유한 관점과 경험을 제공했다. 하지만 누가 언제 어디서 무엇을 말했는지 구체적으로 드러내기보다는 마치 한 입에서 나온 목소리처럼 글을 구성했음을 밝힌다. 레니게이드 백만장자 원칙에 대한 그들의 열정과 사고방식은 사실상 동일하기 때문이다.

혹시 잘못 알고 있을지 몰라서 짚고 넘어가는데, 이 책은 성공 전술을 다루지 않는다. 기계적인 세부 지침이나 마케팅 메일의 종류별 비교, 제안을 받아들이도록 만들기 위해 두려움을 불러일으키는 10가지 요소 따위를 소개하는 책이 아니라는 얘기다.

물론 몇 가지 전술이 등장하긴 하지만, 그것이 이 책의 주제나 목적은 아니다. 이 책은 우리와 여타 레니게이드 백만장자들이 근본적으로, 창의적으로, 단호하게 흐름을 거스르고 불길에 뛰어드는 방식의 핵심에 관한 매우 솔직하고 노골적인 담론을 다룬다.

이 책을 통해 먼저 유익한 창의성과 진정한 혁신에 반하는 '생존 본능 행동방식'을 인지하고 거기서 벗어나는 방법을 발견하게 될 것이다. 또한 시장과 경쟁업체, 기존 판매 방식을 분석하는 새로운 방법으로 이익을 얻는 법을 배우게 될 것이다. 레니게이드 백만장자 마케터가 목표 고객을 다루는 방식은 특별하다. 그 은밀한 스토리에 성공의 비결이 담겨 있다.

더불어 기존 비즈니스 구조를 뛰어넘고 '등식을 뒤집는' 방법을 배우게 될 것이다. 이것은 진정 새로운 혁신으로, 레니게이드 백만장자가 비즈니스에 대해 생각하는 방식과 95퍼센트의 사업주가 비즈니스에 대해 생각하는 방식 사이에 가장 심오한 차이가 드러나는 부분이다. 이 책에서 당신은 사업 성공을 위한 크고 중요한 아이디어와 핵심 원칙, 주요 전략은 물론이고 레니게이드 백만장자의 7가지 비밀을 발견하게 될 것이다.

자, 출발!

차례

서론

많은 사람이 '레니게이드'라는 용어와 자신을 결부시켜 생각하는 것을 어려워한다. 우리는 어린 시절부터 그렇게 프로그래밍돼왔다. 우리는 모두 예닐곱 살 정도가 되면 사회와 부모, 교회 등 우리가 속한 환경에 의해 특정하게 프로그래밍된다는 의미에서 그렇다. 만약 당신이 '레니게이드'라고 불렸다면, 거의 지울 수 없는 낙인이 찍힌 것이나 다름없다. 그것은 당신이 규칙을 따르지 않는다는, 주변에서 기대하는 방식으로 사다리를 오르지 않는다는 의미이기 때문이다.

'레니게이드'라는 말을 들으면 어떤 사람들이 생각나는가? 미국에서는 대개 오토바이 폭주족을 떠올린다. 수염을 기르고 치렁치렁한 사슬을 온몸에 두른 채 도로를 질주하는 거친 사람들 말이다. 왕따나 말썽꾼, 악당 등을 떠올리는 사람들도 있을 것이다. 정중하고 예의 바른 집단에서 환영받지 못하는 사람들 말이다. 흠, 유감스럽지만 현실이 그렇다.

하지만 사업주나 사업가인 당신은 평범한 사람과 다르다. 당연히 달라야 한다. 당신은 얼마나 뛰어난 생산성을 발휘했는지와는 상관없이 주말이나 월말이면 급여가 들어오길 기대하는 일반인이 아니다. 사업가는 생산성이 있어야 하고, 이익을 창출해야 하며, 자신의 삶을 스스로 책임져야 한다는 것을 제대로 이해해야 한다.

레니게이드 백만장자는 평범한 사람들과 다르다. 이전에 가능하다고 믿었던 것보다 훨씬 더 빨리, 훨씬 더 많은 돈을 벌겠다는 꿈을 가지고 이 책을 집어 든 모든 사람 역시 보통 사람과 다르다. 그 차이를 인정하고 수용하기로 결정한 것이니 말이다.

다르게 생각하고 다르게 행동하라. 일반인의 생활에서 기꺼이 벗어나라. 기업의 승진 사다리나 공인 자격증, 우리가 받아야 마땅하다고 기대하는 재정적 보상과 관련하여 사회적으로 인정되는 기대치에 더 이상 얽매이지 마라.

당신은 당신이 원하는 바로 그곳에 위치한다.

당신은 현재 나름의 신념 체계를 보유하고 있을 것이다. 일정 기간에 걸쳐 형성되어 당신 자신이나 사업이나 판매에 대한, 사실상 모든 것에 대한 당신의 생각을 지배하는 상호 연관된 일련의 믿음 말이다. 당신이 현재 처한 재정 상태와 당신이 영위하는 생활방식은 무엇에 기인하는가? 바로 당신의 신념 체계에 그 책임이 있다. 다시 말해, 당신은 당신의 신념 체계가 당신이 있어야 한다고 결정한 바로 그곳에 있는 것이다.

처음 이 개념을 들었을 때, 나는 그다지 수용적인 생각이

들지 않았다. 사실 수백 명에 달하는 증인만 없었더라면, 나는 연단에 뛰어 올라가 다음과 같이 말한 연사의 목을 졸라버렸을 것이다.

"여러분은 여러분이 원하는 바로 그곳에 있게 되는 겁니다."

당시 나는 50달러에 구입한 1960년형 세보레 임팔라를 운전하고 있었다. 말할 것도 없이 그해가 1960년은 아니었다. 세미나 참가비를 내고 나자 10달러가 남은 상황이었다. 삶의 다른 측면들 역시 차보다 나은 상태는 아니었다. 그런데 이 바보는 "네가 원했던 바로 그곳에 와 있는 거다"라고 계속 이야기하고 있었다.

얼마 후 나는 나를 그 지점에 이르게 한 것이 내 신념 체계에 의해 지배되는 내 생각이라는 사실을 완전히 이해하게 되었다. 그나마 좋은 소식은 생각을 바꾸면, 즉 신념 체계를 바꾸면 상황을 바꿀 수 있다는 거였다.

돈과 성공, 사업에 관해서라면 당신은 이미 확고한 신념 체계를 가지고 있을 것이다. 이 신념 체계의 어떤 부분은 당신 스스로도 의식하고 있고, 또 어떤 부분은 그렇지 않을 것이다. 당신의 잠재의식에는 배타적인 속성도 있기에 하는 말이다. 어쨌든 신념 체계는 엄청난 규모로, 대단히 복잡한 형태로 존재한다. 그리고 바로 그것들이 당신이 처한 현재 재정 상태와 생활 방식의 원인이다.

레니게이드 백만장자가 되는 데 적합한 사고방식은 분명 당신의 신념 체계와 일정 부분 모순될 것이다. 이는 충분히 예상할 수 있는 일이다(당신의 생각이 이미 완벽하게 일치한다면 이 책을 살 필요가 없었을 테니 말이다). 당신의 신념 체계는 우리의 새롭고 색다른 아이디어를 거부하고 싶어 할 것이다. 당신의 신념 체계는 이러한 생각이 올바르지 않다거나, 비현실적이라거나, 너무 단순하다거나, 부도덕하다거나, 위험하다고 말할 것이다. 혹은 더 젊거나 더 나이가 많거나 교육을 더 많이 받은 사람들에게는 적합할지 몰라도 당신에게는 그렇지 않다고 주장할 것이다.

레니게이드 백만장자의 사고방식을 이해하려고 노력할 때, 자신의 신념 체계와 부딪히는 것은 누구나 겪을 수밖에 없는 일이다. 그리고 이런 사항들을 바꾸기 위해 긍정적인 압력을 충분히 행사할 것인가 여부는 순전히 당신에게 달려 있다.

살면서 신념 체계가 바뀌는 일(예컨대 진보주의자에서 보수주의자로 바뀌는 것 등)은 일반적으로 인생 경험이나 교육, 다른 사람의 영향 등으로 인해 천천히, 점진적으로, 눈에 띄지 않게 이뤄진다. 그리고 변화는 의도보다는 우연에 의해 이뤄지는 경우가 많다.

하지만 레니게이드 백만장자가 되기 위해 우리가 해야 할 일은 의도와 설계에 따라 필요한 변화를 신속하게 취하고 적합한 신념 체계, 즉 사고방식 체계를 구축하는 것이다. 이는 이론도, 헛소리도 아니다.

이 책은 40여 년에 걸친 작업과 상담, 실제 경험에서 얻은 가장 중요한 교훈들을 모아놓은 결과물이다. 그 과정에 관련된 사람들에는 물론 개별 고객과 컨설턴트, 멘토 등이 포함되지만, 이들에 국한된 것은 아니다. 이 책을 쓰는 데 참고한 모든 것은 실용적이고 가치 있는 자료들이며, 150명이 훨씬 넘는 1세대 백만장자 및 억만장자 사업가들의 실제 경험으로 입증된 내용이다.

이를 잠시 분석해보기로 하자.

- 1세대 백만장자란 재산을 물려받지 않은 경우를 의미한다. 최소한의 자본이나 빚으로 사업을 시작해 자수성가한 부자라는 뜻이다. 사업체를 매입한 경우도 당연히 제외된다.

- 사업가란 비즈니스를 구축하고 통제하고 운영하는 개인을 의미한다. 우리 프로그램에는 단순히 다른 사람들이 알려준 전략을 실행한 기업 임원들의 아이디어나 경험은 별로 포함되지 않았다.

마지막으로, 이 책의 본문에 담겨 있는 모든 내용은 레니게이드 백만장자가 되기 위해 기꺼이 노력하는 사람이라면 누구나 채택하고 적용할 수 있는 방법론임을 강조한다. 본질적으로 당신은 이 책을 통해 1억 달러 이상의 가치가 있는 사업을 성공으로 이끌 수 있는 실질적 지혜를 얻게 될 것이다.

레니게이드 백만장자가 된다는 것의 시작은?

그것은 당신의 사업을 재창조하고, 아직 드러나지 않은 수익의 출처를 발견해 활용하고, 생산성의 수준을 높이겠다는 등의 결정을 지금 당장 내리는 것이다. 그리고 마지막으로 당신 방식대로 삶을 살 수 있는 자유와 자율성, 부를 손에 넣겠다고 지금 당장 결심하는 것이다. 그것이 전부다.

'레니게이드'라는 명칭 및 개념과 맞서 싸우는 대신 이를 기꺼이 수용해야 한다. 그것을 수용하며 기쁜 마음으로 즐겨야 한다.

자, 진심으로 되새겨보라.

"나는 레니게이드이며, 그것이 내가 살아가는 방식이다."

사업 수완이 늘어나고 더 많이 성공할수록
당신에게 적합한 그룹은 더 적어진다

나는 지금껏 살면서 많은 멘토와 코치, 강사를 만났다. 그들이 없었다면 오늘에 이르지 못했을 것이고, 당연히 지금의 축복받은 삶도 누릴 수 없었을 것이다.

내가 정말로 원했던 바는 댄 케네디의 사고방식을 이해하는 것이었다. 그리고 그 놀라운 체험을 위한 최고의 장소는 티타늄 마스터마인드Titanium Mastermind 그룹이었다. 수년에 걸쳐 수많은 성공적인 사업가들을 탄생시킨 그룹이다.

댄에게서 배운 레니게이드 백만장자 교훈을 모두 나열할
수는 없기에, 핵심적인 몇 가지만 소개하고자 한다.

● 시간 관리

댄은 이에 관해 책을 쓰기도 했다. 그는 일할 때 온전히 일
만 했다. 그의 시간은 20분 단위로 엄격히 계획되었으며,
결코 거기서 일탈하는 법이 없었다. 다른 데 신경 쓰지 않고
정해진 시간에 정해진 일만 했다. 규율과 집중이 핵심이다.

● 참여 규칙

사람들에게 당신을 참여시켜야 하는 경우와 그 방법을 알
려라. 그렇지 않으면 계속 다른 사람의 어젠다에 종속될
것이다. "그들의 비상 상황은 나의 비상 상황이 아니다."
댄은 휴대폰을 갖고 다니지 않는다. 그는 이메일을 쓰지
않는다. 페이스북이나 트위터, 인스타그램, 스냅챗 계정
도 없다. 그와 의사소통할 수 있는 유일한 방법은 사전 예
약한 유선 통화나 방문뿐이다.

- 진정성

댄은 있는 그대로 말한다. 아무것도 숨기지 않는다. 그의 사업 여정은 아주 어린 나이에 시작됐다. 그는 자신이 실패한 지점(시련), 잘못된 결정을 내린 지점(인간적인 실수), 심각한 좌절을 겪은 지점(삶의 일부)을 공개적으로 인정한다. 변명은 필요하지 않다. 넘어지면 스스로 몸을 일으켜 다시 게임에 참여해야 한다.

- 자율성

이는 실로 중요한 교훈이다. 댄은 나에게 다른 사람들이 어떻게 생각하든 신경 쓰지 말라고 가르쳤다. 댄은 돈이나 물질보다 자신의 시간을 소중하게 생각한다. 그는 시간을 아끼고 번거로움을 덜기 위해 전용기를 타고 다닌다. 그에게 컨설팅 받고 싶은 고객은 클리블랜드까지 날아와야 한다. 그는 포지셔닝과 희소성의 가치를 이해하고 제대로 활용할 줄 아는 사람이다.

- **의심스러울 때는 다수를 따르지 않는다**

  댄은 내게 모든 사람과 모든 상황에 의문을 품으라고 가르쳤다. 나는 학창 시절에 정반대되는 교육을 받았다. 그들은 가르치는 그대로 암기하고 의문을 품지 말고 반복하라고 주문했다. 내가 받은 세뇌 교육을 뒤집어엎는 데는 댄과 다른 한 명의 중요한 멘토의 도움과 함께 수년의 세월이 필요했다.

- **부자는 선지급 받고 거렁뱅이는 기한이 지나서야 받는다**

  한번 생각해보라. 얼마나 많은 사람이 오늘 서비스를 제공하고 대금 지급을 기다리거나, 나중에 송장을 보내거나, 자금을 융통하거나, '보험금'이 나오길 기다리는지 말이다.

- **비즈니스**

  당신의 비즈니스는 xyz가 아니라 xyz를 마케팅하는 것이다. 탁월한 제품이나 서비스를 보유하고도 효과적으로 마케팅하지 못하면 수입과 비즈니스 가치가 한계에 이를 수

밖에 없다. '제품(또는 서비스)'에는 진정한 가치가 없다.
진정한 가치는 제품(또는 서비스)을 '판매'하는 데 있다.

● **게으름·나태**

댄은 모든 종류의 게으름을 경멸한다. 개인적인 것이든
사업적인 것이든 나태는 결코 용인치 않는다. 이른바 뉴
에이지를 찬미하는 사회는 그를 격노케 한다.

어디에 살든 가난할 이유는 많지만,
가난에 머물 타당한 이유는 없다.

댄은 내게 사업을 성공에 이르게 하는 3가지 핵심 요소를
가르쳐주었다.

- 가격 탄력성

  사람들이 지불할 수 있는 금액에는 제한이 없다. 스스로 부과하는 한도만 있을 뿐이다. 사람들은 대부분 자신과 자신의 제품이나 서비스를 과소평가하고 제대로 포장하지 않거나, 뚜렷한 차별화를 시도하지 못하거나, 시장에 요구할 금액을 과소평가하는 경향을 보인다.

- 거래 규모

  수익의 기준점은 가격 구조에 따라 달라진다. 100만 달러 매출에 도달하려면 1000달러짜리 제품보다 1만 달러짜리 제품을 판매하는 게 빠른 법이다. 그런데 1만 달러짜리 제품을 만들어 판매하는 일이 1000달러짜리 제품을 만들어 판매하는 일보다 10배 어려운 것은 아니다.

- 연속성 또는 구독 수익 대 거래 수익

  교육의 세계는 무엇을 훈련하든 더 좋고 더 효율적인 '실행자'가 되도록 돕는 것을 목표로 한다. 무슨 일이든 한두 차례 하는 것으로 몇 달이나 몇 년 또는 평생 가는 고객을 확보할 수 있는 연속적 수입원을 창출하기 위해 노력하라.

시간은 사람을 기다리지 않는다. 해야 할 일을 하고, 해야 할 말을 하라. 무엇보다 당장 시작하라. 기다리지 마라. 세상의 모든 돈으로도 시간은 되돌릴 수 없다.

데이비드 펠프스David Phelps 박사 | 프리덤파운더스Freedom Founders

레니게이드 백만장자 핵심 브리핑

무리를 좇아 하찮게 살 것인가,
이탈해 폼나게 살 것인가?

이 책은 '평범한 사업체를 부를 창출하는 비범한 자산으로 탈
바꿈시키는 방법론'을 설파한다. 최우선 요건은 흐름을 거스
르고 업계의 규범을 무시하는 레니게이드가 됨으로써 사업의
성공을 이끌고 창출하는 데 활용할 수 있는 세계관을 보유하는
것이다. 핵심 아이디어는 다음과 같다.

----

1. 무리를 따르면 안 되는 이유

머니 피라미드가 모든 것을 설명한다.

   1%   부유한 삶

   4%   순조롭고 여유로운 삶

  15%   괜찮은 삶

  60%   재정적으로 끝없이 투쟁하는 삶

  20%   근근이 연명하는 삶

상위 5퍼센트를 제외한 나머지 95퍼센트는 삶의 재정적 부분에 대한 전반적인 접근 방식에서 완전히, 절대적으로, 100퍼센트 잘못된 길을 걷고 있다. 피라미드의 꼭대기에 오르고 싶다면, 95퍼센트를 따르면 안 된다.

2. 레니게이드의 행동 강령

- 다수는 언제나 옳지 않다는 전제하에 움직인다.
- 혁신은 사업 내부가 아니라 외부에서 발생한다고 믿는다.

  사업에서 가장 흥미롭고 즐겁고 재미있는 부분이 마케팅이라는 사실을 이해한다.

- 직접반응 광고만 활용한다.
- 부의 원천이 고객 리스트에 있다는 사실을 인식한다.
- 관행과 관습, 관례를 무시하고 모든 한계를 거부한다.

3. 사업체의 힘의 원천 다섯 가지

1. 고객 리스트 | 관계
2. 평판(어떤 사업체로 알려져 있는가)

3. 마케팅

4. 마케팅의 구체적인 우위

5. 선명성

4. 정확한 사고의 힘

- 사람들을 보고 싶은 대로 보지 말고, 그 실체를 볼 줄 알아야 한다. 직원과 고객, 거래처 등과 관련해서 누구와 일하고 누구를 뿌리째 솎아내야 하는가? 항상 신중에 신중을 기해 판단하고 조심해야 한다.

- 코칭으로 개선 가능한 사람들을 곁에 두고 나머지는 멀리하라. 해고는 빠르게, 고용은 천천히 진행하라. 특별한 사람들에게 특별한 기회를 만들어줘라. 사람만이 아니라 이윤까지 관리하고, 모든 규범을 거부하라.

- 의견은 중요하지 않다. 사실이 중요하고, 테스트 결과가 중요하며, 돈이 중요하다.

- 누구든 스스로 지불하는 만큼 얻는다. 즉, 뿌린 대로 거두는 법이다.

5. 노력 조직화의 힘

- 대부분의 노력은 엄격한 거버넌스나 사업 편성 이론, 철학, 윤리, 명확한 계획 등을 중심으로 조직되지 않는다. 대부분의 노력은 불안정하고 반응적이며 무작위적이다. 이런 이유로, 사람과 사업체는 쉽사리 길을 잃는다.

- 레니게이드는 다른 사람들과 달리 일관적이다. 일련의 지침 원칙들과 일관성을 유지하는 노력 조직화 시스템을 개발하는 것이 중요하다. 그 시스템을 통해 사업가가 관리

해야 하는 그 모든 연속적인 의문과 전략, 프로그램, 솔루션, 기회 등에 대해 '수용' 또는 '거부'를 결정해야 한다.

- 전략을 찾기 위해 전술을 사용하는 우를 범해서는 안 된다. 원칙부터 정하고, 그에 따라 전략을 세우고, 그것을 기준으로 전술을 짜야 한다. 원칙이 없는 전략은 시간이 지나면 사라지거나 압박을 받으면 무너지는 경향이 있다.

6. 빅 아이디어의 힘

- 최고의 기업은 적어도 후원자들의 생각에는 (돈을 버는 것 외에도) 모종의 대의를 표방한다.

  □ 빅 아이디어는 때로 업계의 규범을 무시하는 가운데 창출되며, 기득권층이 지배하는 환경에서 그들을 짜증 나게 하고 화나게 하는 가운데 무르익는다.

- 다른 사람이 말하는 제한과 스스로 생각하는 제한 모두를 거부해야 한다. 구멍을 통해 상황을 보면 그보다 더 큰 것은 볼 수 없는 법. 레니게이드는 전후와 좌우, 안팎과 상하를 가리지 않고 최대한의 정보와 아이디어를 얻는다. 그들은 읽고, 보고, 듣고, 찾아간다. 그들에게는 경계도, 한계도, 안팎을 구분해 색칠해야 할 선도 없다.

  □ 빅 아이디어는 효과가 있다. 특히 그 아이디어를 진정으로 믿고 끝까지 밀어붙일 수 있을 정도로 주변의 비난에 둔감하면 더욱 그렇다.

7. 시간 통제의 가치

- 시간은 가장 소멸하기 쉬우며, 그 무엇으로도 대체할 수 없는 자산이다. 가능한 모든 면에서 이를 기준으로 시간을 다뤄야 한다.

- 무엇이든 처음부터 시작할 만한 시간적, 재정적 여유는 없다. 레니게이드는 창의성과 발명에 매료되지 않고 결과와 이익, 속도에 열광한다. 기회는 창안의 대상이 될 수 있지만, 창안의 방법은 그렇지 않다. 그런 것들은 숨겨져 있을 뿐이다.

- 효과 있는 일에 전념한다. 구식이든 신식이든 관계가 없다. 오래된 것과 새로운 것은 공존할 수 있다. 상호배타적이지 않다. 옛것에 얽매이지 않도록 주의하고, 옛것을 버리라는 새것의 유혹을 경계해야 한다.

- 오래 지속되도록 구축한다. 사업은 전력질주가 아니라 마라톤이다. 현재의 은행과 미래의 은행에 동시에 저축해야 한다. 대부분의 사업가가 판매하기 위해 고객을 확보하지만 레니게이드는 고객을 확보하기 위해 판매한다. 사업체의 수익이 실제로 어디에서 오고 어디에 진정한 자산이 위치하는지 제대로 이해해야 한다.

8. 무풍지대 창출의 힘

- 광고 및 마케팅의 최우선 목표는 잠재 고객을 경쟁 없는 영역에 배치하는 것이다. 그래야 잠재 고객이 당신에게 온전히 집중하며, 당신에게서만 구매하려는 사전 결정을 강화하게 된다.

- 레니게이드는 '물건'을 판매하지 않는다. 레니게이드는 제품을 판매하는 것이 아니라 심리적 반응을 일으키는 데 주력한다. 모든 돈은 의미를 찾아가게 마련이다. 사람들은 정신적, 정서적 이유로 구매한다.

- 소심하고 겸손하고 온유한 사람들은 땅이나 상속받기를 기다려라. 광고나 마케팅, 판매 분야에는 소심증이 들어설 공간이 없다.

- 가장 가치가 높은 사업은 제품 사업이 아니라 프로세스 사업이다. 프로세스가 많을수록, 더 복잡하고 정교할수록, 더 엄격할수록(따라서 일관적일수록), 더 많이 강제될수록, 더 많은 돈이 굴러들어온다.

- 고객 확보 과정에 더 많이 지출할수록, 더욱 성공적인, 난공불락의 강력한 사업체가 된다. 대다수는 가능한 한 적은 비용을 지출하기 위해 모든 노력을 기울인다. 그렇게 그들은 간헐적으로 이용하는 소수의 미디어 옵션으로 스스로를 엄격하게 제한한다. 그리고 일단 확보한 고객에 대해서도 '양육'이 심각하게 제한되는 방식으로 움직인다. 레니게이드는 정반대다. 모든 미디어 옵션을 공격적으로 사용하고 확보 고객의 '육성'에 역동적으로 투자한다.

- 더 적게 만들고 더 많이 구현한다. 문제가 무엇인지 신중하게 파악하고 실질적인 문제에 초점을 맞춘다. 끝없는 '재장식과 재치장'의 유혹에 휘말려서는 안 된다. 기존의

지루한 일을 이어가고, 그것의 효과가 사라지기 전까지는

고수하거나 강화한다.

1장

머니 피라미드

머니 피라미드는 거의 70년 동안, 특히 1954년 이후로 조금도 바뀌지 않았다. 1954년은 사회보장국이 사람들이 40년 동안 일한 후 어떤 상황에 처하는지 추적하기 시작한 해이기도 하다.

머니 피라미드

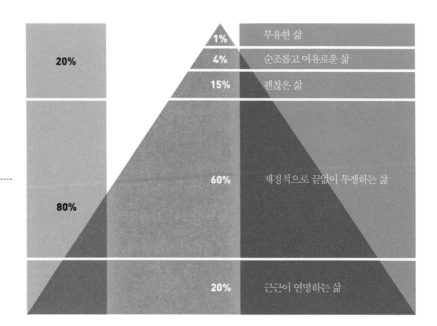

20%	1%	부유한 삶
	4%	순조롭고 여유로운 삶
	15%	괜찮은 삶
80%	60%	재정적으로 끝없이 투쟁하는 삶
	20%	근근이 연명하는 삶

시대가 변하면 정부도 바뀌고 경제도 변한다. 하지만 머니 피라미드는 변하지 않았다. 이것이 의미하는 현실은 아주 명백하다. 사업주 혹은 사업가 집단에서도 성공에 대한 통계는 필연적으로 다음과 같은 분류로 귀결된다.

20퍼센트는 근근이 연명한다.

60퍼센트는 재정적으로 어려움을 겪는다. 그것도 끝없이.

15퍼센트는 괜찮게 산다.

4퍼센트는 순조롭고 여유롭게 산다.

1퍼센트는 부자가 된다.

1퍼센트의 사람만이 진정한 부를 얻는다. 우리와 항상 함께하는 그놈의 사악한 1퍼센트 말이다. 인구의 20퍼센트는 대체로 알츠하이머 약과 강아지 사료를 놓고 무엇을 사야 할지 고민하는 일 없이 삶을 마감할 수 있다. 상위 20퍼센트 아래로 내려가면 상황이 완전히 바뀌기 시작한다. 자신의 사업을 하든, 모종의 직업인으로 일하든, 할 수 있는 어떤 일이든 하면서 고군분투하든, 이들이 인류의 80퍼센트를 구성한다. 다시 한 번 보라. 대부분의 사람들이 성공적이고 여유로운 생활방식이라고 생각하는 것과 비슷한 삶을 누리는 사람은 실제로 5퍼센트에 불과하다.

이제 당신은 스스로에게 이렇게 물어봐야 한다. "좋아. 이 통계치에서 무엇을 배워야 하지?" 그 대답이 바로 레니게이드 백만장자 원칙 하나에 대한 명확한 이해다.

대다수는 항상 틀린다.

머니 피라미드를 보면, 95퍼센트의 사람들이 삶에 대한 전반적인 접근 방식에서 완전히, 절대적으로 100퍼센트 잘못된 길을 걸었음이 분명하다. 물론 돈과 관련해서 그렇다는 얘기다. 어쨌든 65세 나이에 완전히 빈털터리로 결론이 나면 많은 부분 제대로 살았다고 주장하긴 어렵지 않겠는가. 어쩌면 당신은 선하고 좋은 사람일 수도 있다. 그러나 우리는 도덕성에 관해 토론하려는 게 아니다. 전적으로 실용성에 관해 이야기하고 있는 것이다.

어떤 지역, 어떤 대상을 어떻게 나누어 살피든 머니 피라미드는 유사한 형태로 형성된다. 클리블랜드 시민을 예로 삼든, 미국 국민을 살펴보든 비슷한 비율의 분류가 나타난다는 의미다. 백만장자들만 따로 놓고 살펴봐도 유사한 비율로 격차가 생긴다. 그들 중 1퍼센트는 진정으로 자신의 행위를 잘 다스리고, 또 다른 4퍼센트는 단호한 태도로 공격적으로 움직이며, 아래로 내려갈수록 나름의 구멍을 드러내면서 쉽게 무너지는 양상을 보인다.

장담하건데, 이것이 사실이다. 어느 곳에서든 사실이다. 대상을 어떻게 구성하든 마찬가지다. 몇 가지 예를 들어보겠다.

- 노스다코타에 있는 모든 치과 의사
- 투명 교정기를 끼고 있는 모든 치과 의사
- 모든 변호사

- 상해 전문 변호사 모두
- 천주교를 믿는 상해 전문 변호사 모두

다 똑같다. 아무 상관 없다. 어디서든 똑같은 피라미드를 발견하게 될 것이다.

그리고 금전적 관점에서 1954년 이후 머니 피라미드에 영향을 미쳤을 것 같은 모든 변화에 대해 생각해보자. 정보에 대한 접근권을 예로 살펴보자. 요즘에는 특정한 전구를 교체하는 방법을 모르면 휴대폰으로 유튜브 영상을 찾아보면 된다. 다른 일을 하는 방법도 거의 마찬가지다. 그것을 가르쳐주는 사람을 인터넷에서 찾을 수 있게 마련이다. 책을 사러 가지 않아도 된다. 글을 읽지 못해도 상관없다. 영상 속 교사가 "이것 한 스푼, 저것 한 티스푼……" 같은 식으로 일일이 알려준다. 원치 않으면 도서관 같은 데 갈 필요도 없다. 웬만한 정보에는 휴대폰으로 다 접근할 수 있다. 모든 것에 접근권이 열려 있는 덕분이다. 바보라도 무엇이든 만들어 이베이eBay나 아마존Amazon에서 판매할 수 있다. 가난하게 살 핑곗거리가 모두 사라진 셈이다.

나는 지금껏 무언가 하는 방법을 몰라서 파산한 사람을 만나본 적이 없다. 누구는 뜨개질을 할 수 있고, 누구는 그림을 그릴 수 있고, 누구는 나무와 못으로 물건을 만들 수 있다. 모두 무언가 만드는 방법을 알고 있다. 내가 만난 가난한 사람 모두 누군가가 살 만한 물건을 만드는 방법을 모르고 있지 않았다.

예전에는 이런 궁리부터 먼저 해야 했다. "오, 어디로 가서 그것을 팔아야 하지?" "그것을 판매할 상점을 얻으려면 어떻게 해야 하지?" "물물교환 시장에라도 가고 싶지만, 차가 없는데 어떻게 해야 하지?"

예전에는 스웨터 하나 짜서 팔려고 해도 많은 장벽이 따랐다. 하지만 지금은 그런 장벽이 모두 사라졌다. 배송하러 나설 때를 제외하고는 집 밖으로 나올 필요가 없다. 사실, 배송을 위해 어딘가를 찾아갈 필요도 없다. 전화만 하면 배송 대행업체에서 다 수거하러 온다. 집을 나설 필요가 전혀 없다.

그럼에도 통계는 전혀 변하지 않았다. 머니 피라미드는 예전이나 지금이나 같은 모양새다. 이것이 우리가 가장 먼저 이해해야 하는 것이다. 어떤 경우, 사람들은 이를 알고 있으면서도 이를 인정하려 들지 않는다.

나는 특정 그룹과 함께할 때면, 늘 그 사람들의 95퍼센트는 아무것도 모르는 상태일 거라고 생각한다. 즉, 그들에게서 어떤 지혜나 전략, 조언, 지원 등을 얻을 수 있을 것으로 기대하지 않는다. 대신 5퍼센트를 찾는다. 그리고 1퍼센트를 찾기 위해 정말로 노력한다.

레니게이드 백만장자들은 말한다. 만약 그 5퍼센트, 그 1퍼센트가 누구인지 알 수 없으면, 적어도 나머지 95퍼센트가 하는 짓을 따라 하지는 마라. 95퍼센트가 하는 행위가 아무리 합리적으로 보여도, 우리 통계는 그렇지 않다는 사실을 보여준다. 따라서 이에 대해서는 '올인all-in' 방식으로 접근해야 한다. 이 통계는 보편적이며 당신이 속한 모든 인구 집단과 그룹, 장소에 모두 적용된다. 이 통계는 당신이 수행하는 모든 일에 적용된다. 이는 다음과 같이 요약할 수 있다.

나머지 95퍼센트처럼 행동해서는 안 된다.

피라미드의 꼭대기에 오르고 싶다면, 95퍼센트를 따르면 안 된다. 레니게이드 백만장자는 피라미드 꼭대기에서만 찾을 수 있다.

2장

레니게이드 백만장자란?

당신은 전형과 관습을 내던져버리는 사람인가? 당신은 한계를 뛰어넘으려 할 뿐 아니라 실제로 구태를 떨쳐내려 애쓰는 사람인가? 당신은 가려는 사람이 거의 없는 곳에서 경험을 쌓고 살아갈 기회를 기꺼이 찾는 사람인가? 당신 자신이 이 같은 부류에 속한다고 생각한 적이 있는가? 그렇다면 마지막으로 그렇게 생각한 것은 언제인가?

간단히 말하면, 위와 같은 생각을 하는 것이 바로 레니게이드 백만장자가 되는 길이다. 표현을 나누어 살펴보면, '레니

게이드'는 통념에 반해 움직이는 사람이란 뜻이다. 이는 기꺼이 모든 것을 다르게 행하고, 업계의 모든 규범을 위반하며, 그럼으로써 업계의 동료들(그리고 종종 규제기관)을 짜증 나게 한다는 의미다. 또한, 이런 범주 내에서도 특이하고 기이하며 불쾌한 사람으로 간주된다는 것을 의미한다. 레니게이드는 모든 것을 결과로 말할 뿐이다.

'백만장자'는 당연히 부자를 뜻하지만, 100만이란 숫자에 얽매일 필요는 없다. 100만 달러가 예전 같은 상징성을 인정받지 못하는 건 분명하니까 말이다. 여기서 백만장자는 당신이 스스로 정한 기준을 초과해서 수익을 올리며 업계의 표준을 압도적으로 뛰어넘는 수준을 의미한다.

레니게이드 백만장자의 핵심 전제

1. 다수는 언제나 옳지 않다

이에 대해서는 이미 살펴봤다. 이것이 대부분의 선진국에서 투표로 선출직 공무원을 뽑는 제도와 관련해 많은 내용을 시사한다는 점에 당신도 동의할 것이다.

1퍼센트의 사람은 진정한 부자가 되고, 4퍼센트는 재정적 안정과 독립을 달성하지만, 95퍼센트는 그렇지 않다. 이것은 당신 주변 사람들의 95퍼센트가 돈에 대해(더 넓은 의미에서는 성공에 대해), 그리고 사업에 대해, 광고에 대해, 마케팅에 대해 잘못된 생각을 갖고 있다는 것을 의미한다. 그렇지 않다면, 그들이 옳다면, 이 비율이 달라지지 않았겠는가.

그렇긴 해도 우리가 오랜 세월 함께한 학교 선생님과 가족, 친구, 직원 등을 돌아보며 그들 중 95퍼센트가 틀렸고, 그렇기에 무시해야 마땅하고 조언을 구할 필요도 없다고 결론 내리는 것은 결코 쉬운 일이 아니다. 그러나 실제로 그게 현실이다.

동기 부여 및 자기계발 분야의 초기 거장 중 한 명인 얼 나이팅게일 Earl Nightingale 은 다음과 같이 말했다.

원하는 목적지에 도달하기 위해 해야 할 일을 어떻게 해야 할지 모르겠다면……, 그리고 당신 주변에 그 목적지에 이미 도달한 롤모델이나 멘토 등 적합한 인물이 없다면……, 그러면 주변을 둘러보고 그들 모두가 하는 일을 살펴본 다음, 그런 일을 하지 않으면 된다.

이것이 당신의 출발점이다. 따라서 첫 번째 전제는 다른 모두가 하는 일을 보고 다수가 틀렸음을 인식하고, 그 모든 일을 배제하고, 소수의 관점을 취하고, 정반대로 움직이는 것이다.

2. 혁신은 사업 내부가 아니라 외부에서 발생한다

다시 말하지만, 대부분의 사람들이 사업에 뛰어들고 업계의 관행에 적응한다. 본질적으로 그들은 폐쇄된 공동체에서 움직인다는 점에서 일종의 아미시Amish*와 유사하다.

전문 강연 사업을 예로 들어보자. 누군가가 성공적인 강연가를 보고 말한다.

"저도 정말로 당신처럼 강연가로 성공하고 싶습니다. 어떻게 하면 될까요?"

긴 대답보다는 짧은 대답이 쉽다는 것 말고 다른 이유가 없다면, 거의 모든 강연가가 이렇게 답할 것이다.

"음, 전국강연가협회에 가입부터 하시지요."

그래서 그는 해당 업계의 단 하나뿐인 직능단체인 강연가협회에 가입한다. 그런 다음 협회의 정기 총회나 집회, 지역 및 전국 대회 등에 참석한다. 그렇게 그 사업에 종사하는 사람들

---

* 문명사회와 단절한 채 고유의 전통을 유지하며 생활하는 개신교의 일파.

에게 둘러싸인다. 그리고 이제 배타적 교류가 시작된다. 서로 업계의 다른 사람들이 하는 일만 바라보기 때문이다.

모든 산업 분야의 모든 사람이 정확히 이와 똑같이 움직이 며 똑같은 상황에 처한다. 보험업계에 속한 사람들은 보험 관계 자들하고만 어울린다. 그들은 업계 베테랑이 쓴 세일즈 관련 책 을 읽고, 보험업협회 모임에 참석하며, 보험 산업 전문 저널을 읽는다.

문제는 이런 시나리오에서 나올 수 있는 유일한 종류의 개선은 기껏해야 점진적으로 이뤄진다는 것이다. 아무도 그 무 엇도 시도조차 하지 않는 분위기가 조성되는 탓에 대약진 같은 것이 이뤄지지 않는다. 모두가 다른 사람들이 하는 일을 하려 하고, 단지 조금 더 잘하려 노력할 뿐이다. 따라서 두 번째 전 제는, 약진은 내부가 아니라 외부에서 이뤄진다는 것이다.

3. 당신의 사업은 마케팅이다

레니게이드 백만장자는 사업에서 마케팅이 가장 흥미롭고 즐겁고 재미있는 부분이라는 것을 이해한다. 사실 마케팅이 당신의 사업이다.

무슨 일을 하는지 설명해달라고 하면 대부분의 사람들이 매우 단순한 사실을 나열하는 데 그친다. 동네 보석 가게에 가서 "당신의 직업은 무엇인가요?"라고 물으면, 주인은 먼저 웬 바보가 온 건 아닌지 훑어본 후 "보석상입니다"라고 답할 것이다. 좀 더 비즈니스 마인드를 보유한 주인이라면, "보석 가게를 운영하고 있습니다"라고 답할 수도 있다. 옆에 있는 작은 아이스크림 가게에 가서 물어도 마찬가지다. "여기는 아이스크림 가게니까, 내 직업은 아이스크림 장사꾼이지요"라고 답할 것이다. 실제로 대부분의 사람들이 이렇게 생각한다. 칵테일 파티에 가서 이 사람 저 사람에게 물어도 유사한 대답들이 돌아올 것이다.

레니게이드 백만장자는 우리가 마케팅 사업에 종사한다

는 것을 이해한다. 우리가 마케팅 대상으로 삼는 제품이나 서비스는 마케팅에 부수적으로 따라붙는 것일 뿐이다. 대부분의 사람들은 마케팅이 자신이 하는 일의 부수적인 무엇이라고 생각한다. 다시 말하지만, 우리의 세 번째 전제는 대부분의 사업가가 생각하는 방식과 180도 다르다. 모두가 자신이 하는 일이 사업이라고 생각한다. 하지만 그렇지 않다. 우리가 하는 일은 마케팅이다.

지압치료사협회 총회에 참석하면, 연회장의 대화는 의료기 사용과 관련된 기술적인 내용을 중심으로 이뤄진다. 부동산 중개인, 보험 설계사, 강연가, 플로리스트 등의 모임에서도 마찬가지다. 그들은 광고나 마케팅, 세일즈를 부수적인 무엇이나 필요악으로 본다. 모두가 상황을 그렇게 이해한다. 레니게이드 백만장자는 그런 등식을 뒤집는 법을 배운다.

우리는 마케팅을 우리가 하는 사업으로, 우리가 하는 일을 그에 따른 부수적인 것으로 본다. 마케팅은 궁극적으로 우리의 가장 큰 핵심 역량이자, 가장 큰 기술이자, 가장 큰 관심 및 열정(즉, 우리가 즐기는 것)이다. 1가지를 효과적으로 마케팅

할 수 있으면 무엇이든 효과적으로 마케팅할 수 있으며, 그것이 곧 힘의 원천이 된다.

4. 직접반응 광고만 활용한다

레니게이드 백만장자는 직접반응 광고만 온전히 수용한다. 이역시 당신이 가장 먼저 받아들여야 하는 사항이다. 이를 인정하지 않는다면, 당신이 광고비로 하는 일은 그것을 변기에 버리는 것에 다름 아닐 것이다.

"이름을 알려라"라는 사람들의 말에 귀를 기울여서는 안된다. 그런 종류의 마케팅이 효과 있는 기업은 광고 예산을 거의 무제한으로 보유한 코카콜라 같은 부류의 대기업뿐이다. 인지도나 이미지, 브랜드, 가시성, 노출 등에 대해선 생각조차 하지 마라. 그것들은 광고주들이 숭배하는 거짓 신이다. 당신의목표는 응답이어야 한다.

그렇다면 이를 어떻게 달성할 수 있을까? 어수선한 환경에서 불쑥 뛰쳐나와 목표로 삼은 청중의 멱살을 잡고 주의를 기울이게 만들도록, 그렇게 의도적으로 설계된 광고만 하면 된다. 레니게이드 백만장자는 그렇게 하는 데 필요한 장치나 수단은 어떤 것이든 사용한다. 레니게이드 백만장자 마케팅은 미디어나 교육 기관에서 당신에게 시키는 것과 100퍼센트 반대된다. 기억하라. 대다수는 항상 옳지 않다. 당신이 보는 대부분의 광고가 크고 멍청한 회사의 광고라는 것을 깨닫는 순간, 당신은 많은 것을 배울 수 있을 것이다.

이와 대조적으로 직접반응은 광고에 대한 유일한 과학적 접근 방식을 제공한다. 투자하는 광고비를 모두 추적할 수 있으며, 성과를 일일이 확인하고 측정할 수 있다. 웹사이트나 전화 또는 상점으로 트래픽을 유도하기 위해 광고비를 지출하면, 그러한 투자 각각에 대해 어떤 종류의 수익을 얻었는지 곧바로 측정할 수 있다. 그런 다음 해당 투자로 얻은 결과의 좋고 나쁨에 따라 마케팅을 변경할 수 있다. 여기에는 그 어떤 감정적인 것도 끼어들지 않는다. 테스트하고 효과를 살펴본 후 효과적인 것을 계속 이어나가면 된다. 효과가 없는 것은 즉시 폐기하라. 직접반응 광고는 단순하고 효율적이며 통제가 잘 되는 방식이기도 하다.

레니게이드 백만장자 마케터는 매우 규율이 바르다.

5. 고객 리스트는 부의 원천

레니게이드 백만장자는 각양각색 스타일과 규모로 나타나며 다양한 사고 및 발견 경로를 통해 궁극적인 성공의 장소에 도달한다. 그러나 모든 레니게이드 백만장자에게는 공통점이 하나 있다. 그 공통점은 다음과 같다.

우리는 (때로 우리의 '허드herd'라고 부르는) 고객 리스트를 구축하는 데 끊임없이 집중한다. 모든 진정한 부가 그 허드에서 비롯된다는 것을 잘 알기 때문이다. 여기서 말하는 허드는 고객이나 의뢰인, 청중, 유권자, 환자 등 당신이 보유하고 있고, 기꺼이 반복적으로 당신의 제품이나 서비스를 이용하는 집단을 두루 의미한다.

독립 레스토랑 주인의 경우를 보자. 그의 부는 레스토랑을 소유하고 있다는 사실에 근거하지 않는다. 그의 부는 건물에 있는 것도 아니고, 조리실에 있는 것도 아니며, 컴퓨터에 저장된 비밀 레시피에 있는 것도 아니다. 그의 부는 위치에 있지도 않고, 조건이 아주 좋은 5년 임대 계약에 있지도 않다. 그의 부는 손님에게 있다. 그것이 진정한 부의 유일한 원천이다.

따라서 이를 토대로 광고 및 마케팅 비용 지출 방안을 결정해야 한다. 예를 들어, 내가 레스토랑 주인이라면 나는 내 레스토랑을 찾는 데 관심이 있을 만한 사람들의 이름과 주소, 전화번호 및 이메일을 수집하는 메커니즘이 없는 데는 결코 광고비를 쓰지 않을 것이다. 허드가 무엇보다 소중하기 때문이다.

이런 이야기를 하면 많은 사람이 무슨 말인지 알아듣지 못한다. 무지한 부류라 할 수 있다. 실로 많은 사람이 수년 동안 고소득 사업을 운영하고도 부의 측면에서는 출발 지점으로 되돌아가는 지경에 처한다. 현재 수입으로 다른 소비에 몰두할 뿐, 허드를 창출하고 성장시키고 양육하는 데 투자하지 않기 때문이다. 광고를 활용하는 가장 현명한 방법은 당신의 사업에

적절한 고객이 될 수 있는 사람들만 끌어들이는 데 비용을 쓰
는 것이다. 직접적으로 그렇게 하지 않는 방법에는 단 1달러도
쓰지 마라.

판매의 진정한 목적

대부분의 세일즈맨은 고객을 확보하는 목적이 판매라
고 생각한다. 레니게이드 백만장자는 다르게 생각한다.
판매의 목적이 고객 확보라고 말이다. 왜 그런가?
　　당신의 사업에서 중요한 유일한 실질 자산은 고객
과 그 고객과의 관계다. 다른 모든 자산은 왔다가 사라
지고, 환경에 취약하기에 가치가 손실될 수 있다. 고객
없이는 본질적으로 아무런 가치도 만들어지지 않는다.
당신의 고객과 그들과의 관계는 당신이 말 그대로 마음

대로 수입을 창출할 수 있게 해주는 사업 자산이다.

비틀스Beatles의 존 레논John Lennon은 "집에서 새로운 수영장을 원할 때마다 나는 앉아서 노래를 씁니다"라고 말한 바 있다. 또 다른 저택이나 위자료, 갖고 싶은 무언가 등 돈이 들어갈 일이 생길 때마다 노래를 만든다는 뜻이다. 물론 이것도 완전한 상태라 할 순 없다. 다음 노래를 갈망하고 기다리는 100만 명에 달하는 팬이 없다면 새로운 노래도 별다른 가치를 창조해낼 수 없을 것이기 때문이다.

그렇게 곧바로 돈이 되는 노래나 위대한 소설을 창작해낼 수 있는 사람, 그런 수준의 재능을 보유한 사람은 실로 몇 안 된다. 만약 당신에게 그런 재능이 있다면, 이 책을 읽을 필요가 없다.

그렇다면 나머지 우리는 어떻게 해야 하는가. 우리는 그 등식의 다른 변을 창출해 존 레논 같은 수준에 올라야 한다. 허드, 즉 우리가 신중하게 모아 울타리를 치고 돌보고 관계를 키워 나가는 고객 집단이 바로 그 등식의 한 변이다. 우리가 다음에 무엇을 제시하든 기다리고 있다가 신속히 구매할 우리의 허드 말이다. 그렇기에 고객을 확보하기 위한 판매를 위해 열심히 노력해야 하는 것이다. 일회성 거래가 아니라 장기적으로 가치를 제공하는 관계를 구축하기 위해서 말이다.

----

6. 모든 한계를 거부한다

사업가들은 대개 자신(그리고 자신의 사업이 제공하는 기회)이 모종의 형태로 특정하게 제한되어 있다거나 제약을 받는다고 생각한다. 그러면서 그들은 모두 그것이 나름의 고유한 상황이라고 받아들인다. 자신이 다른 사업을 한다면 그런 문제가 없을 거라는 식으로 말이다. 그들이 자주 언급하는 법률적 문제는 위법성 여부와 관련 있다. 그래서 변호사들은 늘 사업가들이 법률상 할 수 없는 사안부터 늘어놓는다. 예를 들면 이런 식이다. "그렇게 해서는 안 됩니다."

(오늘날 많은 인기를 끌고 있는) 마그네틱 마케팅 시스템의 과거 수년간 환불 사례를 보면, 50퍼센트 정도는 스스로 부과한 한계에 원인이 있었다. "미안합니다만, 알고 보니 우리는 거기서 권하는 방법을 법률상 사용할 수 없습니다." 이런 한계와 관련해 깊이 조사한 후 우리는 다음과 같은 그림으로 상황을 요약할 수 있었다.

실제 한계

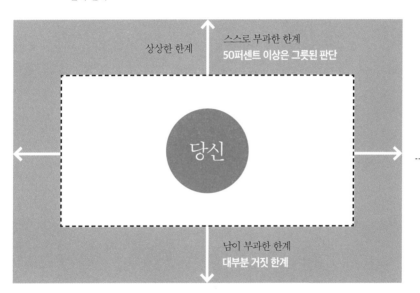

상상한 한계

스스로 부과한 한계
50퍼센트 이상은 그릇된 판단

당신

남이 부과한 한계
대부분 거짓 한계

이 그림을 보면 알겠지만, 실제로 어딘가에는 한계가 있게 마련이다. 실제로 사업가가 할 수 있는 것과 할 수 없는 것에 대한 법이 있다. 그것은 업계의 법, 직무의 법, 연방거래위원회법, 식품의약국법, 증권거래위원회법, 중력 법칙, 하늘의 법 등 무엇이든 될 수 있다. 한계는 실제로 존재한다.

점선 박스는 당신이 믿는 한계다. 실제 한계와 당신이 상상한 한계에는 엄청난 격차가 있다. 대부분의 사람들이 이 점선 박스와 사랑에 빠진다. 그들은 매일 밤 그것과 함께 잠든다. 그들은 그것에 달콤한 말을 속삭인다. 그들은 종교를 믿듯이 그것을 믿는다. 그들은 이에 대한 오해를 바로잡아주는 것을 싫어한다. 한편으로는 너무 오랫동안 그것에 순응해왔기 때문이며, 다른 한편으로는 자신의 일을 더 잘하지 못하는 상황에 대한 핑계로 삼으며 자위해왔기 때문이다.

가격은 완벽한 예다. 사람들은 실제 사례를 들어가며 가격에 대한 다양한 제한 사항을 언급한다. "이 구역에만 56명의 경쟁자가 있는 상황에서 그 가격에 판매할 순 없어요." "우리가 판매하는 것과 같은 물건이 아마존에서 판매되고 있어요." "고객이 줄어들고 있는데, 가격 경쟁력에서 밀리는 게 원인 같아요."

그들은 가격 책정과 관련해서 할 수 있는 것과 할 수 없는 것에 대해 스스로 부과한 한계를 변호할 온갖 종류의 이유와 변명을 가지고 있다.

이런 상황은 끊임없이 계속된다. 당신이 자신의 목소리나 다른 사람의 목소리로 그런 말을 들을 때마다 점선 박스는 더욱 확고해진다. "아니, 우리는 그렇게 할 수 없어. 그 이유는……."

거기에 갇혀 안도하는 바보짓에서 벗어나야 한다. 그것은 다른 누군가의 한계일 뿐이다. 잘못된 한계일 뿐이다. 어딘가에 진짜 한계가 있지만, 그것은 당신이 상상한 한계와 멀리 떨어져 있게 마련이다. 레니게이드 백만장자는 그 차이를 이해한다. 그들은 그 격차를 인식한다. 그리고 그들은 더 이상 그 한계를 받아들이지 않는다.

고객을 만드는 게 아니라 고객을 만들기 위해 판매한다

댄의 책은 내 책상 바로 뒤 선반에 꽂혀 있다. 벌써 수년째 어떤 일을 하기 전 뒤적였더니 모서리가 접히고 여기저기 메모지가 붙어 있다.

댄을 만난 후 마케팅뿐만 아니라 고객과의 관계에 대한 생각도 달라졌다. 이제 나는 고객이 상상한 것 이상의 결과를 달성할 수 있도록 돕고 서로 격려하면서 지원하는 장기적인 관계를 만들어가는 것이 무엇보다 중요하다고 생각한다. 댄은 종종 "판매를 위해 고객을 만들 수도 있고, 평생 가는 고객을 창출하기 위해 판매를 할 수도 있습니다"라고 말하곤 했다.

그는 돈, 판매, 부, 시간 관리, 사람 관리 등에 대한 나의 태도를 완전히 바꿔놓았다. 집에서 십 대 자녀들을 키우면서 일을 병행하는 것은 나름의 도전이었다. 나는 댄의 방식을 참고해 내 방문에 "혹시 피가 나거든 119를 불러!"라고 적은 알림판을 붙였다. 그 알림판은 문에 그리 오래 붙어 있지 않았지만, 내가 일할 때 아무도 나를 방해하지 않는 관행은 확실히 굳어졌다.

댄은 명확한 고객 아바타와 명확한 마케팅 메시지, 명확한 제안, 명확한 가격 책정, 명확한 전달의 힘을 보여주었다. 그리고 무엇보다 경계와 한계에 얽매이지 않는 것이 진정 성숙한 사업가의 징표임을 보여주었다.

배스 데이비스Baeth Davis | 유어퍼포즈닷컴YourPurpose.com

부와 자유

사업 성공의 7가지 비밀

3장

SECRET 1
노력 조직화의 힘

사람들의 노력은 대부분 엄격한 거버넌스governance나 조직 이론, 확고한 철학이나 윤리, 명확한 계획 등을 중심으로 조직되지 않는다. 대부분의 노력은 불안정하고 반사적이며 무작위적이다. 이런 이유로 사람과 기업은 쉽사리 길을 잃는다.

노력의 대부분, 특히 마케팅과 관련된 노력의 대부분은 무작위적이고 불규칙한 행위로 흐르는 경향이 있다. 그리고 사람들의 삶도 실제로 무작위적이고 불규칙한 행동 위주로 돌아가며, 대체로 비예측적이고 반사적인 성격을 띤다. 무언가 분

명히 예측할 수 있을 때조차도 곧 닥칠 낭패에 제대로 대비하지 않고 미적거리는 행태를 취하는 탓에 그것이 마치 애초부터 예측할 수 없었던 일인 것처럼 보이기도 한다.

예를 들어보자.

질문　　'하나'가 있다면 어느 시점에 무슨 일이 일어날까요?

답변　　그 '하나'가 무엇이든, 그것은 쓰레기가 될 것입니다.

하나의 거래처, 하나의 클라이언트, 한 명의 직원, 하나의 사업 원천, 하나의 트래픽 원천 등 그것이 무엇이든 간에 일단 어떤 식으로든 특정되고 나면, 100퍼센트 정확하게 예측할 수 있는 일이 발생한다. 그것은 결국 쓰레기가 된다.

99퍼센트의 사람들이 이에 대비하지 않는다. 그들은 그저 그런 일이 일어날 때까지 기다린다. 대조적으로, 레니게이드 백만장자는 일련의 지침 원칙과 일관되게 보조를 맞추는, 사전에 개발한 노력 조직화 시스템에 의존해 일상적으로 모든 도전과 난제에 접근한다. 이것은 사업가가 관리해야 하는 모든 의문과 전략적 결정, 문제, 솔루션, 기회 등 끊임없는 흐름을 직시하며 수용 또는 거부 결정을 내리는 것을 의미한다.

대부분의 사람들이 전략을 찾기 위해 전술을 사용한다. 보다 수준 높은 사람들만이 원칙을 찾기 위해 전략을 사용한다. 우리 모두 이에 대해 책임이 있다. 우리가 이 위험을 제대로 의식하지 않고 극도로 조심하지 않는다면, 무작위와 반사적 즉흥성이 우리가 비즈니스와 삶에 대응하는 대부분의 방식이 될 것이다. 어째서? 사람들은 본래 A 지점에서 B 지점으로 이동하기 위해 조직적이고 체계적으로 노력하는 것을 꺼리는 성향이 있기 때문이다. 사람들의 보다 자연스러운 반응은 이런 식이다. "이런 일이 일어났으니 이제 그에 대해 무언가를 해야겠군."

우리는 반응한다. 하지만 우리는 종종 부분적인 반응을 보인다. 완전하게 반응하지 않는다는 얘기다. 이에 대한 답은 '관리 원칙'을 마련하는 것이다.

원칙 → 전략 → 전술

사업에서 효과를 보려면 관리 원칙이 있어야 한다. 그런 다음, 그 원칙을 전략으로 변환해야 한다. 그런 다음, 전략을 구현하기 위해 적용할 전술을 파악해야 한다(바람직한 상황은 이 과정을 한번에 다 밟는 것이다).

원칙은 거버넌스로 고착시켜야 한다. 전략은 원칙을 실용적이며 실행 가능하게 만드는 것이야 하며, 그와 동시에 유연해야 한다. 전술은 전략을 구현하는 것이야 하며, 그와 동시에 상황에 따른 유연성을 보유해야 한다.

- 원칙은 왕이다.
- 전략은 왕의 리더십 자문단이다.
- 전술은 보병이다.

대부분의 사람들이 전술로 시작한다. 대부분의 사람들이 매우 전술적이다. 아이가 방을 청소하지 않는다면? 아이가 방을 청소하게 하려면 어떻게 해야 할까? 잠깐, 생각부터 하라. 원칙으로 완전히 돌아가라. 식구들이 제 할 일을 하게 만드는 방법에 대한 당신의 원칙은 무엇인가? 아이와의 바람직한 관계를 만들기 위한 당신의 원칙은 무엇인가? 이것을 먼저 생각한 후에 다음으로 넘어가야 한다. 전략은 무엇인가? 전술은 무엇인가? 당신은 사실 아이가 방을 치우지 않도록 조장했을 수도 있고, 자기 방은 자기가 치우는 자세를 전혀 준비시키지 않았을 수도 있다. 우리는 문제가 발생할 때까지 기다렸다가 무작위적이고 불규칙한 전술적 행동 방식에 고통스럽게 빠져드는 경향이 있다. 그러면서 왜 그 방이 여전히 엉망인지 고민한다.

관리 원칙의 힘

사업과 사업가들의 행동 방식을 분석해보면 최고의 성과를 올리는 1퍼센트, 즉 레니게이드들은 거의 모든 것에 대해 나름의 관리 원칙 리스트를 가지고 있다는 것을 알 수 있다. 디즈니

Disney를 예로 들어보자. 다른 모든 것을 아우르는 디즈니의 관리 원칙은 다음과 같다.

지구상에서 가장 행복한 곳.

단순한 슬로건이 아니다. 그들의 관리 원칙에 대한 선언문이다. 이것은 디즈니가 일상적으로 하고자 하는 바와 관련된 온갖 전략적 선택의 토대를 이룬다. 디즈니는 방문객들이 지구상에서 가장 행복한 장소에 온 것처럼 느끼게 하는 전략을 구사하고자 한다. 그들에게는 물러설 수 없는 모종의 기준이 있는 셈이다. 디즈니랜드 방문객들은 무더위에 지친 아이들과 함께 긴 줄을 서게 마련이다. 디즈니는 이들을 위해 관리 원칙에 입각해 무엇인가를 할 수 있다.

- 인터랙티브 디스플레이나 스토리 요소, 심지어 '숨은 미

키마우스' 등을 활용해 줄을 서는 것 자체를 즐거운 경험으로 만들 수 있다.

- 줄 서는 시간을 단축하는 특권을 얻는 몇 가지 방법을 제공한다.

- 폭염이 기승을 부리는 날에는 직원들이 프로펠러가 달린 스프레이 병이나 물총을 나눠주고 사람들 사이를 뛰어다니며 물을 뿌리거나 물총 싸움을 벌여 줄 서는 것이 놀이처럼 느껴지게 한다.

- 이렇게 전략적이고 전술적으로 다양한 종류의 놀이나 게임을 시도한다.

스스로에게 물어보라. 나의 관리 원칙은 무엇인가? 그에 따른 전략은 무엇인가? 그리고 그 전략을 구현할 전술은 무엇인가? 흔히 볼 수 없는 사고방식이다.

후속 조치를 생각하는 방법

사업에 대한 당신의 관리 원칙이 다음과 같다고 가정해보자.

철두철미한 후속 조치,
우리는 어떤 리드lead*도 놓치지 않는다.

옳고 그름을 떠나서 일단 원칙이 그렇다면 그것을 사업에 적용할 전략을 찾아야 한다. 예를 들어, 레니게이드 백만장자 마스터마인드 그룹의 재무 고문들을 대상으로 다음과 같이 질문하는 경우를 생각해보자.

"약속도 잡지 않고 판촉 행사 만찬장에 참석한 노인들에게 어떤 후속 조치를 취해야 할까요?"

---

* 활용 가치가 있는 고객 정보에 기반한 영업의 기회.

이 재무 고문들은 연간 50만 달러를 버는 전문가임을 기억하라. 쉽게 말해, 이들은 똑똑하기로 남부럽지 않은 사람들이다. 절대로 바보가 아니다. 마케팅 전문가는 아니지만, 이들은 리드의 가치를 이해하고 있다. 이들은 아마 대략 3가지 유형으로 답할 것이다.

1. 진짜 정직한 사람들은 "글쎄요, 뭘 해야 할까요? 아무것도 안 하는 게 맞지 않을까요?"라고 답할 것이다.

2. 다른 사람들은 이렇게 말할 것이다. "글쎄요, 시간이 남는 직원에게 전화하게 하면 어떨까요." 그런데 시간이 남는 직원이 있을까? 혹시 있다면, 그 직원은 그들에게 전화를 걸고 싶을까? 혹시 가능성이 희박한 리드만 자신한테 넘긴다고 난리 치지는 않을까?

3. 또다른 부류는 이렇게 말할 것이다. "글쎄요, 그 사람들의 연락처를 이메일이나 메일링 리스트에 넣어두고 관리하

면 되지 않을까요?" 그러면 상황은 어떻게 전개될까? 3개월 후 그들은 약속도 잡지 않고 참석했던 바로 그 연회장에 또다시 나타날 것이다. 얼마나 어리석은 일인가?

모두 1년에 50만 달러를 버는 사람들인데도 이렇게밖에 생각하지 못한다. 우리는 이들과 다르게 행동할 수 있다. 이런 것이 하지 말아야 할 3가지임을 안다. 우리는 이러한 '전술'을 던져버리고, "어떤 리드도 놓치지 않는다"라는 원칙을 중심으로 노력을 조직화하는 방법에 대해 진정한 대화를 시작할 수 있다. 예를 들면 다음과 같은 식이다.

- 동일한 제안을 한 후 가격 인하 제안을 보내고 그 뒤에 또 다른 제안을 보내는 식의 '연속 제안' 시퀀스를 창출한다.

- 전화 담당을 교대로 배정한다. 바버라가 통화했는데 판매가 이뤄지지 않았다면 수전이 넘겨받아 다시 전화하는 방식이다.

- 그들이 참석할 수 있는 새로운 특별 이벤트를 만들어 초대한다.

- 고객으로 전환되지 않은 리드를 다른 업체와 교환하거나 매매해서 리드 비용을 절반이나 3분의 1 또는 4분의 1로 줄인다.

- 그들에게 완전히 다른 제안을, 그에 따른 완전한 순서에 맞춰 보낸다.

- 후속 조치를 관리하는 데 사용하는 시스템을 점검한다. 스내피 크라켄Snappy Kraken 같은 전문 프로그램을 사용하고 있는가, 아니면 분홍색 메모지와 서류철 등을 사용해 작업을 수행하고 있는가?

바로 이것이 구체적인 수준으로 내려가 전술을 사용하는 방법이다. 무작위적이고 불규칙하게 마케팅하는 것이 아니라 노력을 조직화해서 마케팅을 수행해야 한다.

효과 있는 것에 전념하라

빌 클린턴Bill Clinton 미국 대통령은 이렇게 말한 적이 있다. "어느 날 밤, 아무도 주목하지 않는 애송이 상태로 잠들었는데, 다음 날 아침 깨어보니 아무도 귀를 기울이지 않는 노땅이 되어 있더군요. 그사이에 무슨 일이 일어난 건지 알 수 없네요."

사람들은 '이것 아니면 저것'이라는 기준으로 잘못된 선택을 하는 경우가 많다. 이의 최신 버전은 새로운 미디어와 새로운 기술, 아니면 오래된 것을 이용해야 한다는 것이다. 당신은 거의 모든 것에 불가지론자의 자세를 취하고 오로지 효과가 있는 것에만 관심을 기울여야 한다. 당신의 일에서 효과 있는 것이 다른 사람의 일에서는 효과 없을 수 있거나, 다른 유형의 조합이 적절할 수도 있음을 깨달아야 한다. 광고와 마케팅, 판매, 사업에서 원하는 결과를 얻는 데 이용할 수 있는 모든 것에 초점을 맞춰라.

우리는 종종 잘못 구분하는 경향이 있다. 초점을 맞춰야 하는 부분은 효과다. 새로운 것이든 오래된 것이든, 무엇이든 상관없다. 대부분의 경우, 새로운 것은 어쨌든 오래된 것이 진화한 결과물이다.

크레이그스리스트Craigslist는 신문과 잡지의 분류 광고가 진화한 것이다. 라이브 웨비나 앤 비디오세일즈레터VSL는 TV의 인포머셜informercial*이 진화한 것이다. 나 역시 과거 인포머셜 환경에서 했던 작업을 VSL이라는 최신 환경으로 옮겼다. 오늘날의 VSL은 예전에 DVD에 담아 보내던 내용을 온라인으로 제공하는 형식이다. 하지만 어떤 사람들에게는 여전히 DVD 방식이 더 효과가 있다.

'지금의 것'에 쏠려 '과거의 것'에서 벗어나려는 욕구나

---

* 정보 제공 형태의 광고.

경향은 실수로 귀결되기도 한다. CD/DVD 논쟁이 바로 이런 경우다. 예를 들면 이런 식이다. "대체 왜 우리는 여전히 DVD 홍보물을 만들어 내보내고 있는 건가요? 이젠 DVD 플레이어나 CD 플레이어를 쓰는 사람이 거의 없는데 말입니다."

지구상에서 가장 성공적인 주택 개조 부문 다이렉트 마케터의 사례를 소개한다. 선세터 차양막SunSetter Awnings이라는 회사로, 홍보물로 아이디어키트Idea Kit와 DVD만 이용하고 있다.

카드를 작성하면 무료 아이디어 키트와 DVD를 받을 수 있다. 지금쯤이면 이들도 분명 웹사이트를 추가했을 테지만, 어쨌든 여전히 무료 DVD를 배포하고 있다.

당신은 이렇게 생각할지도 모른다. '잠재 고객층이 죄다 노땅들이라서 그런 거겠지.' 그렇지 않다. 그들의 주고객층은 평균 40세다. 50~60세가 아니다. DVD를 발송하는 것은 고객 접촉을 늘리고 영업 통제권을 확보하기 위한 이들의 전략이다. 이들은 바보가 아니다. 그래도 모두 디지털화하는 게 낫지 않을까? 그럴지도 모른다. 하지만 그렇게 하면 어쨌든 통제권은 상당 부분 상실된다.

오래된 것과 새로운 것이 있을 때 우리는 오직 새로운 것만, 혹은 우리는 오직 오래된 것만 이용하겠다는 식으로 방침을 정하는 것은 매우 잘못된 생각이다. 현실은 칼로 자른 듯 딱 그렇게 구분되지 않기 때문이다. 특히 미디어는 사라지기까지 꽤 오랜 시간이 걸린다. 사람들은 특정 미디어가 실제로 사라지기 훨씬 이전에 그것의 종언을 생각하는 경향이 있다.

이분법에 따른 잘못된 선택을 좇지 마라. 효과 있는 일에 전념하라. 진정한 레니게이드 백만장자는 불가지론자다. 그들은 팩트를 좋아한다. 그들은 정보를 찾는다. 그들은 경험적 증거를 신뢰하며, 상황이 궁극적으로 어디로 나아갈지 선입견을 갖지 않는다. 자신에게 해를 가하고 기회를 차단하는 사람들은 상황이 어디로 이어질지 선입견을 가지며, 그 선입견에 따라 선택하고 결정한다.

예를 들어, 당신이 책을 쓰는 저자라고 가정해보자. 당신은 이미 많은 책을 출간했다. 당신은 아마존이 중고 도서 사업을 하는 것이 마음에 들지 않는다. 그들은 새 책 구매자를 중고 책 구매자로 만들기 때문이다. 같은 책의 2차 판매, 3차 판매, 4차 판매, 5차 판매에 대해서는 로열티를 받을 수 없다. 이 경우, 돈을 버는 것은 아마존뿐이다. 그러나 이런 환경은 사라지지 않을 것이다. 그리고 실제로 그렇지 않으면 책을 사지 않을 사람들에게 많은 책을 판매하는 긍정적 역할도 한다.

따라서 실용주의자는 이렇게 물어야 한다. "이런 유통 방식에서 신간 판매를 늘릴 수 있는 방법은 무엇일까?" 중고 도서에 무료 제공 물품이나 서비스를 덧붙이는 식으로 다른 책에 대한 제안을 추가하는 방법을 생각할 수 있다. 이것이 불가지론적 실용주의자인 레니게이드 백만장자의 방식이다. 그것에 대한 우리의 호불호는 중요하지 않다. 우리가 받아들일지 여부도 상관없다. 중요한 것은 그것이 효과를 발휘할 수 있도록 우리가 얼마나 노력하는가 하는 점뿐이다.

레니게이드 백만장자의 재창조

나는 댄 케네디의 저서《헛소리 1도 없는 사업 성공론No B.S. Business Success》을 읽고 마그네틱 마케팅 커뮤니티를 알게 되었다. 당시는 사업을 시작한 지 4년 정도 된 시점으로, 경기 침체의 한복판이라 그런지 큰 어려움을 겪고 있었다. 결국 우리 회사는 파산 직전에 내몰렸다. 나는 아무런 희망이 없는 상황에 크게 낙담할 수밖에 없었다.

그 책의 마지막에서 두 번째 장은 곤경에 처한 사업체를 구하는 방법에 관한 내용을 담고 있었다. 거기서 댄은 실패의 경험과 빚더미 탈출 경험을 공유하며 어떻게든 다음 날까지 버티는 방법에 대해 설명했다.

댄은 사업을 하는 과정에서 우리는 모두 실수하기도 하고 (자신의 잘못에 의해서든, 환경적 요인에 의해서든) 망하기도 한다고 말했다. 그러면서 우리에게 수치스러워할 시간 따위는 없다고 했다. 유일한 수치는 싸우지 않고 포기하는 것이라고도 했다. 그런 내용을 읽으면서 낙심의 무게가 점점 가벼워지고 절망감이 덜 위협적으로 느껴졌다. 아직도 그 기억이 생생하다.

댄은 또한 잠재적으로 파괴적인 실패에 직면했던 사례를 소개했다. 그로 인해 플랜 A가 아닌 솔루션을 모색해야 했지만, 그렇게 찾아낸 플랜 B가 결과적으로 더 뛰어난 것으로 드러났다고 했다. 플랜 A가 실패하지 않았다면 그것에 대해 알지 못했을 터였다.

그의 말과 교훈은 내게 깊이 각인되었다. 덕분에 나는 실패의 트라우마를 어느 정도 덜어낼 수 있었다. 알고 보니 사실, 실패에 대한 두려움은 성공을 가로막는 가장 큰 장애물이었다. 그런 내용을 읽고 나서 그날 밤, 나는 두려움을 떨쳐내고 기꺼이 리스크를 감수하는 담대함을 얻었다. 그런 경험이 없었다면 나는 이미 오래전에 모든 것을 포기했을 것이다.

더불어 댄은 사업의 재창조에 대해서도 설명했다. 그는 사업이 실패하면 사업을 재창조하는 데 모든 에너지를 집중하라고 했다. 다음 날 나는 공책을 펼쳐놓고 '재창조'라고 적었다. 그리고 그 아래쪽을 두 부분으로 나눴다. 첫 번째 부분에는 내가 배운 모든 아이디어와 교훈을 적었다. 두 번째 부분에는 내가 수행해야 할 행동 계획과 과업을 열거했다. 또한 내가 계획한 모든 새로운 마케팅을 기록하고 그 결과를 추적하기 위해 컴퓨터에 '재창조'라는 폴더를 만들었다. 그것은 나의 사업 목표를 상기시키는 역할도 했다. 나의 마케팅 폴더는 지금도 여전히 '재창조'라는 이름표를 달고 있다.

댄을 한 단어로 표현하라면, 나는 '극복자'라고 하고 싶다. 댄은 자라면서 빈곤을 극복했고, 대학 교육의 결핍을 극복했고,

말더듬증을 극복했고, 알코올중독을 극복했고, 대중 연설에 대한 두려움을 극복했고, 그리고 레니게이드에 대한 조롱과 그에 따른 거부도 극복했다. 아마 그만이 알고 있는 개인적이고 직업적인 다른 많은 것들도 극복했을 것이다.

키아 아리안Kia Arian │ 진그래픽스닷컴Zinegraphics.com

4장

SECRET 2
최대치의 수입을 노려라

이것은 놀라움이나 논쟁의 여지가 없어야 하는 사안인데, 대부
분의 사업가들이 생각만큼 이에 집중하지 않는다. 많은 기업가
들이 여기 초점을 맞추지 않는다. 그들은 사업의 목적과 자신
의 책임 사이에서 혼란스러워한다. 혼란에 빠진 사람은 자신과
다른 사람들에게 위험한 존재다. 그들은 서로 엇갈리는 신호와
활동으로 인해 돈을 버는 데 집중하지 못한다.

- 유행. 동료 집단으로부터 받는 사회적 압력, 자아

- 버릇, 두려움, 사회적 압박

- (실제로 돈이 되는지 여부에 대한 데이터나 팩트가 없는) 누군가 또는 다른 모든 사람이 취하는 방향과 하는 일

모든 활동과 관련해서 스스로에게 물어야 할 관련 질문은 다음과 같다.

이게 돈이 되는가?

이 원칙을 준수하지 않으면 우리가 상상할 수 있는 모든 나쁜 전략과 그에 따른 전술적 실수가 발생할 것이다. 예를 들면, 직원 보상의 민주화(승자에 대한 보상의 반대 개념) 같은 실책을 남발하거나, 모든 고객 또는 최악의 고객을 유지하기 위해 시간과 에너지는 물론 재정적 비용을 소모하거나, 가격 인상에 따르

는 고객 이탈이 두려워 늘 소심한 가격 책정 전략을 구사하게 된다. 여기서 '최대치 maximum'라는 단어가 중요하다. 영원히 지속되는 것은 없다. 사업에도 영속성이나 확실성은 있을 수 없다.

레니게이드 백만장자는 최대치의 돈을 버는 데 최대 중점을 둔다. 그러나 이러한 관점은 특히 (회사나 고용주 등에 얽매이지 않고) 독자적으로 일하는 사람들이나 자영업자들에게서는 찾아보기 힘들다. 자영업자들을 고객으로 삼을 경우, 이 점을 이해하는 게 중요하다.

독자적으로 일하는 집단의 압도적인 다수는 돈을 최대한 버는 것이 아니라 다른 이유로 사업을 하는 경우가 많다. "다른 하고 싶은 일이 있어서 장사를 하고 있는 겁니다" "동물을 좋아해서 수의사가 되었지요" 등등 이유는 다양하다. 솔직히 말해서, 그들은 사업을 유지하기 위해 때로 진창에 내려가 이런저런 짓거리로 손을 더럽혀야 한다는 사실에 짜증을 내기도 한다. 독자적으로 일하는 무리는 특히 사업과 별다른 관련을 맺고 싶어 하지 않는다. 그들은 그저 남의 밑을 벗어나 자신이 할 수 있거나 하고 싶은 일을 할 뿐이다.

자동차 정비사가 정비소를 연다. 그는 돈을 벌기 위해 가게를 여는 게 아니다. 그저 상사를 두지 않고 밥벌이를 하기 위해 그러는 것뿐이다. 따라서 그의 사업에 도움이 되는 무언가를 그에게 팔려고 한다면, 그리고 그것이 그리스 건을 들고 차 밑으로 기어들어가는 작업 등과 아무런 관련이 없다면, 당신은 그를 화나게 할 뿐이다. 그것은 그가 관심을 기울이는 대상이 아니기 때문이다. 물론 그 역시 이렇게 말할 것이다. "당연히 돈을 많이 벌고 싶지요." 그러나 그는 사업을 운영하는 정확한 의미나 실제로 돈을 많이 버는 방법 등과 관련해 적합한 수준의 사고를 하지도 않고, 시간과 에너지 등을 투자하지도 않는다.

극소수의 사업가만이 돈을 최대한 버는 방법에 대해 생각한다. 문제는 그들이 사업에서 최대치의 수입을 만들어낼 수 있는 모든 세부 조치를 제대로 취하지 않고 중단한다는 데 있다.

내가 피터 로 성공 강연회Peter Lowe SUCCESS 투어에 강사로 참여했을 때 취한 접근 방식을 예로 들어보겠다. 나는 각 강연 기회에서 수입을 최대한 올리기 위한 22가지 중점 사안을 담은 리스트를 준비했다. 이 행사는 전국을 돌며 연간 25 ~ 28

차례 강연회를 갖는 대규모 투어로, 장장 9년에 걸쳐 진행됐다. 리스트의 몇 가지 핵심 항목을 소개하면 다음과 같다.

- **가장 높은 비율을 협상한다**

  강연회 준비 과정에서 가장 중요한 사항은 이벤트 프로듀서와 강연가 사이의 수입 분배에 관한 것이다. 강연가로서 나는 총매출액의 60퍼센트를 받기로 했다. 나머지 40퍼센트는 프로듀서가 갖기로 했다. 다른 강연가들은 대부분 그 반대 비율로 배분을 받거나 기껏해야 50 대 50 비율이 적용된다.

- **내 강연의 매출은 내가 직접 관리한다**

  이런 식의 계약을 맺은 강연가는 내가 유일했다. 다른 강연가들은 모두 게을러서 주문서와 매출의 관리 및 처리를 프로듀서에게 맡기고 강연을 하고 나서 몇 주 후 우편으로 수표를 받는다. 나는 반대다. 주문서와 매출 전표를 내가 받아서 처리하고 프로듀서의 몫을 계산해서 수표를 보낸다.

- **가능한 한 최고의 가격을 책정한다**

  주최 측은 모두가 가급적 낮은 가격의 프로그램을 판매하기 원한다. 그래야 더 많이 팔 수 있다고 믿기 때문이다. 나는 반대다. 최고의 강연을 제공하며 최고의 가격을 제시하면 최고의 매출을 올릴 수 있다. 모든 강연에서 최대한 많은 돈을 벌 수 있도록 가격을 설정하지 않을 이유가 무엇인가?

- **주문서 양식을 마련해 배포한다**

  기회가 생길 때마다 확실하게 주문서 양식을 군중에게 배포해야 한다. 그것으로 강연 참석을 신청할 수 있게 함으로써 매출을 관리하는 한편, 고객 정보를 수집한다.

- **청중에게 머물 이유를 제공한다**

  추가적인 유인물과 메시지를 제공해 청중이 더 머물며 당신의 말에 기울이게 만들어야 한다. 나는 '기다려서 댄의 말을 들어봐야 할 10가지 이유' 같은 제목의 유인물을 만

들어서 배포한다. 당신이 무대에 마지막까지 남는 연사
가 되어야 한다. 콜린 파월Colin Powell이나 조지 부시George
Bush 같은 유명인사가 연사에 포함되어도 마찬가지다. 청
중이 당신의 말을 듣기 위해 기다리고 또 다음 강연을 예
매하도록 무엇이든 해야 한다.

- **모든 예매 고객에게 다음 날 확정 안내 문자를 보낸다**
  환불을 방지하기 위한 즉각적인 조치다.

- **다이렉트 메일이나 세일즈 레터로 비구매자들에 대한**
  후속 조치를 취한다
  왜 테이블에 꺼내놓은 돈을 외면하는가? 나는 주최 측이
  관리하는 고객 명단을 이용하는 특권을 얻기 위해 적잖은
  몫을 주최 측에 할당하고도 후속 조치 시퀀스를 통해 매
  출을 올림으로써 많은 돈을 남길 수 있었다.

- **자투리 시간을 생산적으로 활용한다**

투어에 오르면 이런저런 자투리 시간이 생기기 마련이다. 그런 시간도 얼마든지 돈을 만드는 쪽으로 활용할 수 있다. 예를 들면, 항공기 경유지에서 누군가와 미팅을 잡을 수도 있다. 비행기를 기다리는 동안 어슬렁거리며 공항을 돌아다니는 대신 전화로 방문 약속을 잡거나 편지를 쓸 수 있다.

대부분의 사람들은 이렇게 생각하지 않는다. 투어에 참여한 다른 강연가에게 강연회에서 돈을 최대한 벌 수 있는 20가지 방법의 리스트를 보여달라고 요청하면 필경 다른 행성에서 온 외계인이라도 보는 양 멍한 표정으로 쳐다볼 것이다. 그러나 무리의 1퍼센트에 해당하는 레니게이드 백만장자들은 다르게 생각한다.

수입을 2배로 늘리는 잘못된 방법과 올바른 방법

수입을 2배로 늘리기 위한 최악의 아이디어 중 역대 챔피언은 일을 2배로 늘리는 것이다. 당신은 부유한 시체가 될 것이다. 이는 또한 가장 상상력이 없고, 창의적이지 않으며, 분석적이지 않은 접근 방식이다.

예를 들어, 농사에 대해 생각해보자. 어느 시점부터 농부들은 쟁기질에 소나 노새 같은 동물을 동원하기 시작했다. 그들은 그런 동물이 더 세게 당기고 더 빨리 움직이게 하려고 애썼다. 그래서 두 마리, 세 마리 또는 네 마리를 한데 묶었다. 그런 후 트랙터를 쓰기 시작했다. 그러면서 점점 더 크고 빠른 트랙터를 쓰기 시작했다. 이런 식으로 그들은 힘을 늘려 나갔다.

이제 대조적인 상황을 살펴보자. 1970년대 나의 초기 컨설팅 고객 중 하나는 농장의 토양에 대한 매우 복잡하고 상세한 분석을 수행하는 회사였다. 그들의 영업 담당자는 농장 구석구석에서 토양 샘플을 수거했다. 그들은 실험실에서 각각의 샘플을 분석했다. 색상으로 구분된 지도상에 영양분과 미네

랄 결핍이 표시됐다. 불과 몇 미터 떨어진 땅덩어리에서 결핍의 정도가 서로 다른 것으로 나타났다. 그들은 농장의 각 부분에 서로 다른 비료를 처방했다. 토양의 생산력이 크게 향상됐다. 농부가 더 오래 일한 것도, 더 많은 동물이 더 세게 당긴 것도, 더 큰 트랙터를 동원한 것도 아니었다. 과학적으로, 전략적으로, 영리하게 실제 자산인 토양을 활용한 것뿐이었다.

세일즈맨에 대해서도 생각해보자. 수입을 늘리기 위해 그들은 더 많은 리드를 생성하고, 더 많은 프레젠테이션을 하고, 더 많은 약속을 잡고, 더 많은 시간을 일한다. 심지어 운전 중이거나 식사 중이거나 소변을 보는 동안에도 휴대전화로 통화한다! 그러나 이것은 실제 자산인 시간과 영업 기술을 활용하는 방법이 아니다. 사업주는 어떠한가? 그들 역시 동일한 접근 방식을 취해 더 많이 광고하고, 더 많은 리드를 찾고, 더 많은 고객을 확보하고, 더 많은 제품을 출시하고, 더 긴 시간을 일한다.

단순히 더 많은 고객을 확보해서 더 많이 판매함으로써 더 큰 재정적 목표를 달성하려고 시도하는 행태는 너무도 일반적이다. 그 과정에서 개인적으로 더 많은 시간을 일하고, 더 많은 책임을 지고, 더 많은 스트레스를 받고, 더 많은 간접비를 추가해야 한다. 그러나 이것은 너무도 단순하고 경솔할 뿐 아니라 창의적이지 않은 방식이다. 보다 창의적이고 지적이고 흥미로운 접근 방식은 더 적은 비용과 시간, 대가 등으로 더 많은 것을 달성할 수 있는 방법을 찾는 것이다.

레버리지의 힘

먼저 레버리지(지렛대)에 대해 논해보겠다. 레버리지의 가장 중요한 부분은 그것 없이는 많은 돈을 벌기가 매우 어렵다는 사실이다. 미국(그리고 대부분의 선진 경제체)의 경우, 세금 구조가 바뀔 가능성이 희박하기에 순수하게 근로 소득만으로 부자가 되는 것이 거의 불가능하다. 어떤 사람처럼 강가의 트레일러에서 살면서 모든 수입을 그대로 모은다면……, 그래도 가능할 것 같지 않다. 사업 내부와 외부에서 레버리지 효과를 얻으려면 소득과 가치 측면에서 생각해야 한다.

기본 이상의 소득을 올리려면 어떻게 해야 하는가? 이것은 우리가 강연회에서 최대한의 수입을 도출하기 위한 20여 가지 중점 사항을 마련할 때 던진 핵심 질문과 맥을 같이한다. '이 사업에서 더 많은 것을 얻기 위해 우리가 할 수 있는 일은 무엇인가?' 고려해야 할 몇 가지 레버리지 포인트는 다음과 같다.

동일한 자산의 다양한 활용

먼저 동일한 자산 또는 작업 단위에 대해 여러 용도를 찾는다. 사업 내부의 작업 단위가 무엇이든, 거기서 한 차례 이상 수익이 발생하게 할 방법은 무엇인가? 정보 사업 내부에서는 비교적 분명히 드러난다. 예를 들어, 세미나를 할 때면 그것을 녹화해서 참석하지 않은 사람들에게 두고두고 판매하는 방법이 있다. 당신은 당신이 하는 모든 일에 대해, 그리고 당신의 사업장을 방문하는 모든 고객에 대해 추가적인 활용 방안을 강구해야 한다.

애완동물 소매 체인 사업을 운영하는 스티브 애덤스Steve Adams
는 사업의 서비스 측면을 강화하고 홍보함으로써 이를 훌륭하
게 수행했다. 그는 현재 애완동물 목욕 서비스로만 42개 매장
에서 매장당 5만 달러의 추가 수입을 올린다고 말했다. 그렇다
면 다른 애완동물 체인점에서는 그렇게 하지 않을까? "우리는
그 사업을 하려는 게 아니기 때문입니다. 우리가 원하는 것은
손님들이 와서 개 사료를 집어 들고 신속히 나가주는 겁니다."
이런 사고방식으로는 결코 추가 수입을 올릴 수 없다. 스티브
의 생각은 다르다. "우리는 손님들이 개를 데리고 와서 최대한
오래 머물기를 바랍니다. 그러면서 개도 씻기고 장난감도 골라
주고 그러길 바랍니다. 우리 훈련 프로그램에도 관심을 기울이
면 더욱 좋겠지요." 이렇게 스티브는 한 고객에게서 여러 가치
를 얻어내고 있다.

　다음은 디즈니월드Disney World 및 엡콧Epcot을 방문한 이
야기다. 나는 노르웨이 매장, 더 정확하게는 노르웨이 | 겨울왕
국 매장에 들어갔다. 가게 한편에 커다랗게 핸드 및 보디 로션
매대가 마련되어 있었다. 라벨에는 영화 〈겨울왕국Frozen〉과

똑같이 '프로즌Frozen'이라고 적혀 있었다. 프로즌 핸드 및 보디 로션은 작은 병에 담겨 있었는데, 한 병에 40달러였다. 한 번 생각해보라. 로션과 병, 컬러 라벨을 포함해 제조 원가는 아마 1~2달러 정도일 것이다. 그런데 소매가는 40달러다.

　나는 놀이공원을 돌아다니며 더욱 주의를 기울여 살펴봤다. 일반 기념품 가게에는 미니마우스Minnie Mouse 핸드 로션이 있었다. '프로즌'만큼 인기가 없어서 그런지 가격이 10달러에 불과했다. 장담컨대, 내용물은 똑같을 것이다. 나는 그렇게 구경 다니면서 20가지 정도 다른 물건들을 발견했는데, 가격은 모두 병에 붙은 라벨의 인기도에 따라 달랐다. 실제로 내용물을 선전하는 홍보 문구 따위는 없었다. 파파야 나뭇잎의 무슨 성분이나 어떤 풀의 무슨 향을 담은 로션이라는 식의 문구 말이다. 그저 프로즌은 40달러, 미니마우스는 10달러, 다른 공주는 12.50달러 하는 식으로 라벨에 따라 가격이 달랐다. 물론 내용물은 죄다 같았다. 디즈니는 핸드 및 보디 로션을 판매할 수 있다는 사실을 깨닫자마자 '우리가 가진 캐릭터가 몇 개나 되지? 같은 내용물을 같은 병에 담아 라벨만 바꾸면 되겠네.

많이 안 팔리는 제품은 라벨을 교체하면 되는 거고'라고 판단했다. 이것이 사업 내부의 레버리지다.

가치 창출 방식

다음 2가지 논리를 비교해보라.

- 사업의 가치는 일시적 또는 거래별 수입이 아니라 연속적 또는 지속적 수입에 따라 증가한다. 따라서 동일한 매출과 동일한 수익 구조를 가진 두 사업체가 있다면, 연속적 또는 지속적 수익에 치중하는 사업체가 일시적 또는 거래별 수익에 의존하는 사업체보다 더 가치가 높기 마련이다.

- 사업의 가치는 고객 보유 기간이 길어질수록 상승한다. 매출이 동일하고 수익이 동일하다면, 고객을 가장 오래 유지하는 사업체가 가장 큰 가치를 지닌다.

따라서 당장의 수입보다는 '내 사업에서 가치를 창출하려면 어떻게 해야 하는가?' 또는 '가치를 높이려면 어떻게 해야 하는가?'에 대해 좀 더 고민할 필요가 있다.

현재의 은행 vs. 미래의 은행

이것은 반드시 이해해야 하는 매우 중요한 개념이다. 대부분의 기업은 현재의 은행에 예금하는 데 중점을 둔다. 레니게이드 백만장자는 '미래의 은행'을 위한 예금을 만드는 데 에너지를 쏟아붓는다.

- 현재의 은행은 오늘 버는 돈이다.

- 미래의 은행은 전략적 결정과 행동에 기반해 벌 수 있는 돈이다.

다음은 이를 매우 명확하게 구분한 실제 사례다. 레스토랑 주인에게 "주말은 어땠어요?"라고 묻는다면, 대부분 현재의 은행과 관련된 숫자로 답할 것이다. 주말에 얼마나 많은 수입을 올렸는지 또는 얼마나 많은 테이블을 돌렸는지 등등 말이다. 대개 이 2가지 중 하나가 답으로 돌아온다.

하지만 레스토랑 사업에 종사하는 레니게이드 백만장자는 고객의 이름과 주소, 전화번호, 생일 등 미래의 은행과 관련된 모종의 숫자를 제시할 것이다. 고객의 생일은 미래의 돈이기 때문에 그들은 얼마나 많은 데이터 카드를 수집했는지에 초점을 맞춘다. 거의 모든 사람이 레스토랑을 찾아 생일을 축하한다. 생일에 혼자 레스토랑에 오는 사람은 거의 없다. 대부분 적어도 한 사람을 대동한다. 많은 사람이 2명 이상의 다른 사람들과 함께 레스토랑을 찾는다. 따라서 내가 레스토랑 사업을 하고 있다면, 고객의 연락처 파일을 관리하면서 고객의 생일과 배우자의 생일, 자녀의 생일을 챙길 것이다. 이것을 현명하게 이용한다면 내 미래의 은행에 들어갈 돈이 될 것이기 때문이다.

그리고 누구든 미래의 돈을 현금화하기 위해 마케팅의 도

사가 될 필요는 없다. 그저 고객이 이용하기 위해 찾아올 수밖에 없는 모종의 제안을 담은 카드를 보내면 된다. 그리고 우리는 그 카드 중 몇 개가 수입으로 연결되는지 추적할 수 있다. 당신이 모으는 모든 생일 정보가 미래의 은행 계좌에서 어느 정도의 잔고로 전환되는지 비교적 정확하게 추정할 수 있다.

몇몇 사람이 다른 사람들보다 더 많이 버는 불편한 이유

어떤 사람이 다른 사람보다 많은 돈을 버는 이유에는 종종 불편한 현실이 존재한다. 일반적으로 더 많은 돈을 벌수록 그 이유는 그들이 하는 일과 관련이 적어지고, 따라서 상대적으로 그것을 얼마나 잘하느냐와도 관련 없어진다. 제공하는 제품이나 서비스 품질에 달려 있다고 생각할 수도 있지만, 돈을 더 벌고 덜 버는 이유는 그것과 그다지 관련 없다. 이 사실은 자신의 제품이나 서비스에 진정으로 집중하는 사람들에게 매우 당혹스러운 현실로 느껴진다.

예를 들어보자. 어느 길 양쪽에 구두 가게가 마주 보고 있다. 한쪽 가게의 주인은 실제로 꽤 좋은 구두를 만든다. 건너편 구두 가게의 주인은 중국산 쓰레기를 접착제로 보완해서 판다. 어쨌든 신발의 질은 그다지 신경 쓰지 않는다. 그런데 두 번째 사람이 훨씬 더 많은 돈을 번다(그 이유는 잠시 후에 알게 될 것이다).

신발, 건강 관리, 주택 수리 등 그것이 무엇이든 마찬가지다. 사업가들은 결과물의 상대적으로 차별화된 품질이 수요와 그에 따른 보상을 이끌어내야 한다고 생각한다. 그러나 현실은 그렇지 않다. 그와 비슷하지도 않다. 당신이나 당신의 동료들이 대부분 싫어할 뿐 아니라 결코 인정하려 들지 않는 것이 바로 이런 현실이다. 하지만 우리는 아무리 불편해도 이런 현실을 이해해야 한다.

우리가 보상으로 받는 돈의 먹이사슬에서 상위로 올라갈수록, 우리는 무엇을 하는지보다 누구인지 또는 누구로 인식되는지에 따라 더 많은 보상을 받는다. 그러나 아무도 이를 받아들이고 싶어 하지 않는다. 설사 현실을 인정하더라도 실제로 소득 수준을 높이기 위한 전략으로 그것을 사용하기 시작할 정도로 수용하기란 결코 쉬운 일이 아니다.

적절한 사례를 하나 살펴보자. 우리의 허드에는 회사를 2000만 달러 이상에 매각한 사람들을 위해 자금 관리 고문으로 활동하는 인물이 있다. 그를 편의상 테드Ted라고 부르자. 테드는 해당 고객층에게 들려줄 완벽한 스토리 패키지를 보유하고 있다. 그의 삶 이야기는 훌륭하고, 어린 시절 이야기도 훌륭하며, 현재의 자선 활동 이야기도 훌륭하다. 테드는 청중이 언제든 그의 이야기에 귀를 기울일 만한 완벽한 사람이다. 한마디로 그는 은막과 라디오, TV 쇼를 주름잡던 윌 로저스Will Rogers나 앤디 그리피스Andy Griffith 같은 인물이다.

하지만 주변의 모든 사람은 거의 날마다 그에게 그가 하는 일에 대해 이야기하라고, (수익 구조를 알 수 있는) 원형 그래프를 보여주라고 강권하곤 한다. 자금 관리 고문이라면 그래프를 보여주고, 연준에 대해 언급하고, 파생상품 포트폴리오의 다각화 등에 관해 말해야 마땅하지 않은가. 그러나 그가 늘 입에 올리는 것은 자신에 관한 이야기뿐이다. 그는 자신이 어떻게 실외 배관공으로 일하면서 성장했는지, 자신이 어떻게 가족 중에 처음으로 대학에 갔는지, 열두 살 때 어떻게 원하는 옷을 사기 위해 집집마다 돌아다니며 물건을 팔았는지 등에 대해 이야기한다. 그가 배포하는 영상에는 와이오밍 목장에서 소가 주위를 어슬렁거리는 가운데 우쿨렐레를 난간에 기대어놓고 문가에 걸터앉아 양철 컵을 손에 들고 이야기하는 그의 모습이 나온다.

그렇게 커피를 홀짝이며 테드는 자신의 이야기를 들려준다. 자산 관리와 골드만삭스Goldman Sachs에 대해 이야기하는 게 아니다. 테드는 책장을 배경으로 사진이나 영상을 찍지 않는다. 다른 모든 재무 고문(및 변호사)들은 그렇게 한다. 책장에 꽂힌 책들을 보면 죄다 거기서 거기다. 테드의 영상에는 책 대신 소가 등장한다. 보통 사람들은 이를 이해하기 어려워하며 뒤로 물러난다.

누구든 정말 열심히 노력해서 획득한 자격증이 있다면, 그것이 중요한 것이라고 믿고 싶을 것이다. 당신의 이름 뒤에 직함이나 칭호가 따라붙는다면, 그것이 중요하다고 믿고 싶을 것이다.

그러나 정작 중요한 것은 당신이 어떤 사람으로 인식되느냐다. 친밀감이 신뢰성보다 더 중요하다. 스토리가 팩트보다 더 중요하다. 모든 차별화는 우리가 누구인지에서 발생한다.

참고 삼아 밝히건대, 나는 개인적으로 이런 현실을 싫어한다. 마음에 들지 않는다. 이제는 받아들이고 편하게 생각하지만, 여전히 좋아하지는 않는다. 선택할 수 있다면 나에 대해 아무것도 모르는 사람들에게서 돈을 버는 쪽을 택하고 싶다. 그러면 정말 좋을 것 같지 않은가. 나는 이 모든 것이 맘에 들지 않는다. 예전에는 더욱 싫어했고, 당연히 편하게 받아들이지도 못했다. 하지만 이제는 편한 마음으로 인정하고 받아들인다. 따라서 지금 여기서 말하는 것은 내가 선호하는 비즈니스 모델이 아니다. 다만 우연히도 가장 잘 작동하는 비즈니스 모델일 뿐이다.

예를 들어, 마케팅 프로젝트 1건에 10만 달러를 받는 나와 1만 달러를 받는 누군가 사이에는 분명히 차이가 존재한다. 기술 수준이 다르고 경험 수준도 다르다. 하지만 그런 것이 10배 정도 차이 나는 것은 아니다. 차이는 크지 않다. 평균적으로 2

배 정도 차이 난다고 보는 게 옳다. 그러나 나는 10배를 청구한다. 실제로는 2배에 불과한 것에 어떻게 10배를 청구할 수 있을까? 다음과 같은 이유 때문이다.

중요한 것은 당신이 거래하는 사람들에게 당신이 어떤 사람으로 인식되느냐이지, 당신이 무엇을 하느냐가 아니다. 사람들이 그 돈을 받는 진정한 이유를 파악하는 것은 실로 중요하다. 그것이 99.9퍼센트의 사람들이 이유라고 믿는 것과 완전히 다르기 때문이다.

4주 만에 1달러짜리 책에서
1만 5000달러짜리 마스터 마인드로

나는 구글Google에서 댄 케네디를 검색해 1달러짜리 책 한 권을 주문했다. 그 책은《헛소리 1도 없는, 간접 마케팅 사업을 위한 직접반응 마케팅No B. S. Direct Response Marketing for Non-Direct Marketing Business》이었다.

그 주 후반, 나는 마그네틱 마케팅 팀원 한 명과 통화했다. 그와 상담한 후 나는 2000달러를 내고 궁극적 마케팅 머신Ultimate Marketing Machine과 마그네틱 마케팅Magnetic Marketing 프로그램에 가입했다. 나는 그들이 보내준 비디오를 보고 이틀

후 다시 전화를 걸어 기존 2000달러에 비용을 추가하는 방식으로 플래티넘 마스터 마인드Platinum Mastermind에 넣어달라고 요청했다.

나는 그렇게 채 4주도 지나지 않은 사이에 1달러짜리 책을 주문하는 데서 1만 5000달러짜리 마스터 마인드 프로그램에 가입하는 것으로 옮겨갔다. 그만큼 댄의 가르침이 나에게 적합하다고 확신했다.

나는 댄이 창출한 모든 콘텐츠를 섭렵하기 시작했다. 하루에 5~6시간씩 댄의 세미나에 귀를 기울이고, '헛소리 1도 없는' 시리즈를 차례로 읽어 나갔다. 그런 후 댄이 주최하는 슈퍼 컨퍼런스에 참석하기 위해 올랜도로 날아가기도 했다.

현재 나의 사고방식은 댄의 가르침에 너무 크게 영향을 받아 원래부터 내가 그런 방식으로 생각하던 사람이 아닌가 착각할 정도다. 나는 2년 동안 댄에게 가르침을 받은 후 돈 나올 구멍에 대한 아무런 걱정 없이 편안한 마음으로 기존에 하던 일을 그만둘 수 있었다.

나는 현재 베스트셀러 작가로 활동하고 있다. 팟캐스트를 만들고 억만장자들을 인터뷰하며 신뢰도를 높이고 있으며, 한 달에 거의 10만 명이 방문하는 웹사이트를 운영하고 있다. 나는 이렇게 해당 분야에서 가장 유명하고 영향력 있는 5인 중 한 명으로 나를 포지셔닝하는 데 성공했다.

내게는 나와 상담하기 위해 기꺼이 시간당 400달러를 지불하는 고객들이 있으며, 나에게 마케팅을 의뢰하고 매주 2만 달러에서 3만 달러를 지불하는 회사들도 있다. 중요한 것은 내가 그런 일을 하면서 엄청난 재미를 느끼고 있다는 사실이다. 나는 내가 하는 일을 사랑하고, 또 정말 잘한다. 모두 댄 덕분이다!

미켈 소럽Mikkel Thorup

5장

SECRET 3
빅 아이디어의 힘

이것은 정말 당연하고도 매우 간단한 개념이다. 그럼에도 불구하고 사람들은 종종 이를 망각한다. 정말 위대한 사업체, 즉 세계 정상급 자리에 오른 기업들은 다른 많은 사업체에서 찾을 수 없는 1가지 핵심 사항을 자랑한다. 적어도 하나 이상의 급진적인 빅 아이디어를 보유하고 있다는 사실이다.

이것은 간과하거나 잊기 쉬운 사실이다. 특히 회사가 설립된 이래 일정한 시간이 흘러 성공을 구가하고 있다면 더욱 그렇다. 설립 당시에는 급진적이었던 것이 더 이상 급진적이지

않거나 급진적으로 보이지 않을 수도 있다. 따라서 당신이 잠재적으로 따를 가치가 있다고 생각되는, 진정으로 성공한 개인이나 사업체를 살펴볼 때는 그들의 역사를 들여다보며 10년 전이든 20년 전이든 예전에 그들이 발판으로 삼았던 아이디어가 얼마나 급진적이었는지 알아보는 것이 유용하다. 특히 그 개념이 지금은 일반화된 상황이라면 더욱 그렇다.

빅 아이디어가 탄생하는 곳

빅 아이디어는 대개 3가지 단순한 전략을 수반한다.

- 업계의 규범을 위반한다.
- 불만에 호소한다.
- 대안이 아닌 진정한 리더가 된다.

몇 가지 예를 들어보겠다. 인터넷과 유튜브가 나오기 훨씬 이전에 크게 성공한 전문 코미디언 세대가 있었다. 바로 치솟는 인기를 등에 업고 코미디 클럽 산업을 탄생시킨 인물들이다. 이들 중 한 명, 일테면 밥 뉴하트Bob Newhart 같은 코미디언만 확보하면 사람들이 몰려드는 것을 보고 업주들은 앞다퉈 클럽을 열었다.

지금은 그런 식으로 사업이 돌아가지 않지만, 당시 열풍과도 같았던 10년 동안을 되돌아보면 자연스레 의문이 떠오른다. 무엇이 그런 현상을 촉발한 것인가? 소수의 급진주의자들이 업계의 규범을 무시하고 코미디 음반을 내는 데 동의함으로써 진정한 리더가 되었기 때문이다.

오늘날 우리는 코미디를 음반으로 들을 생각 따위는 하지 않는다. TV나 유튜브, MP3 다운로드 등으로 얼마든지 접할 수 있기 때문이다. 모든 것이 시장에 나와 있다. 당시 레코드 회사들은 코미디 공연을 음반으로 출시하기 위해 뉴하트를 비롯한 유명 코미디언들을 찾아갔다. 그러나 다른 모든 사람은 겁에 질렸다. "사람들이 우리 공연을 음반으로 들을 수 있다면, 우리를 보러 올 일이 없지 않은가? 그것은 라스베이거스나 애틀랜틱시티, 뉴욕, LA 등지의 코미디 클럽에서 생계를 꾸려나가는 우리가 스스로 제 명을 단축하는 짓거리가 될 것이다."

당시 코미디 공연을 음반에 담는다는 것은 급진적인 빅 아이디어였다. 실험이 시작되고 나서 처음 3년 동안 과감하게 용기를 내 참여한 코미디언은 12명 미만에 불과했다. 이 믿을 수 없을 만큼 이상하고 두려운 아이디어로 당대의 몇몇 코미디언은 말 그대로 슈퍼스타가 되어 떼돈을 벌었다. 뉴하트의 첫 번째 음반은 비틀스를 1위 자리에서 밀어내고 이후 16개월 동안 그 자리를 유지했다. 사람들은 거실에 둘러앉아 코미디 판을 턴테이블에 올려놓고 귀를 기울였다. 이는 거의 아무도 상상하지 못했거나 꽤 오랫동안 그려보지 못한 중대하고 급진적인 아이디어였다.

이제 내가 강연 사업에 종사하던 시절에 개발한 급진적인 빅 아이디어 하나를 소개하겠다.

나는 해적이 아닌 농부가 될 것이다.

이것은 실로 급진적인 빅 아이디어다. 이 아이디어는 지금도 여전히 강연 사업 커뮤니티에서 소수의 위치에 머물러 있다. 강연 사업이라는 것이 형편없는 무엇임을 재빨리 깨달은 나는 방향을 바꿨다. 잘해봤자 고임금 직업은 될 수 있을지언정 사업으로선 전혀 아니었다.

당신이 사람들 앞에 나서는 일을 꺼리지만 않는다면 강연은 훌륭한 매개체다. 아마도 모든 매개체 중에서 최고일 것이다. 비용을 지불할 필요도 없다. 대부분의 경우 고객을 확보하려는 주최 측에서 비용을 지불한다. 다른 매개체는 거의 이렇지 않다.

그런데 내 시대의 연사들은 모두 해적이었다.

● 우리는 은밀한 섬의 동굴을 나선다.

- 우리는 약탈한다.
- 우리는 약탈품을 동굴로 가져온다.

직원이 있으면 직원과 그것을 나눈다. 우리는 남은 것을 저장해놓고 다시 약탈하러 나선다. 이것은 해적의 비즈니스 모델이다.

나보다 앞서 이 분야에 몸담은 사람들, 당신도 알 만한 사람들, 나와 함께 연단에 선 사람들, 여전히 주변을 배회하는 사람들은 지금도 모두 해적질을 하고 있다. 그리고 강당을 채우는 일의 어려움을 감안할 때, 그들은 대부분 배를 타고 갈수록 더 먼 해안까지 나아가야 할 것이다. 이것이 바로 해적의 문제다. 언젠가는 남아 있는 보물이 하나도 없을 수도 있다. 나는 대신 농부가 되어 내가 간직하고 있는 여전히 가치 있는 것들을 재배하고 육성하기로 결심했다. 여기 그 물질적 보상에 대한 증거가 있다.

슈퍼 컨퍼런스나 그로스서미트Growth Summit 같은 행사에서 연단에 서면 나는 청중에게 다음과 같이 묻는다.

여러분과 저와의 관계가 제가 어딘가에서 강연했을 때 그 자리에 참석한 인연에서 시작되었다면, 손을 들어보시겠습니까? 자, 그럼 저와 함께한 지 15년 이상 되신 분들, 손을 들어보시겠습니까? 좋습니다. 10년 이상 되신 분들? 5년 이상 되신 분들? 자, 그럼 마그네틱 마케팅이든 무엇이든 저와 함께하느라 총 10만 달러 이상 지출했다고 생각되시는 분들, 이제 손을 들어보십시오.

손들이 위로 올라가고, 다들 그대로 들고 있다. 모두 위의 어느 한 경우에 해당하기 때문이다. 모든 것이 내가 농사를 지었기 때문에 일어난 일이다. 이런 것이 바로 당시로서는 확실히 급진적이었던 아이디어의 한 예다. 그렇다면 이를 지속적으로 적용할 수 있는 방법은 무엇일까?

흠, 나는 형편이 좋지 않을 때도, 완전히 주머니가 비었을 때조차 청중이 나의 타깃 고객 프로필(기업가와 사업주)에 맞지 않으면 강연 의뢰를 거절했다. 내가 학교 교사들에게 강연을 한다면, 10년 후 나에게 돈을 주는 고객으로 그들을 수확할 수 있을까? 그래서 나는 강연료를 아무리 많이 준다고 해도 학교 선생님들 같은 청중 앞에는 서지 않는다.

다른 모든 사람들, 다른 모든 해적들은 그들을 찾는 청중이 있는 곳이라면 어디든 얼마를 받든 간다. 그것이 해적의 방식이다. "나는 그들이 나에게 다시는 한 푼도 쓰지 않을 전기 엔지니어 무리라도 상관하지 않습니다. 나는 부르면 갑니다."

나는 이런 짓을 한 번 해보고 나서 깨달았다. "나와 맞지 않는 사람들, 내 목표에 전혀 도움이 되지 않는 사람들에게는 두 번 다시 내 귀중한 시간을 할애하지 않겠다. 결코 다시는." 그렇게 나는 해적질에서 벗어났다. 나는 농부가 되었다. 재배하고 육성할 수 없는 청중으로는 당연히 농사를 지을 수 없다.

열심히 들여다보면 모든 큰 성공의 이면에서 급진적인 빅 아이디어를 찾을 수 있다. 당신이 성공적이라고 생각하는 어떤 것을 본보기로 삼으려 한다면, 그런 것이 보이지 않는다고 물러서서는 안 된다. 그것은 어딘가에 반드시 숨겨져 있기 때문이다.

최고의 사업은 모종의 대의를 품은 것이다

최고의 사업은 항상 돈을 버는 것에 추가해 다른 무엇인가를 목표로 삼는다. 적어도 고객의 마음속에서는 그렇게 느껴져야 한다. 위대한 기업은 늘 상업적인 측면 외에도 멋진 아이디어나 사명, 포지셔닝, 철학 등 사람들이 연결 의식을 느낄 수 있는 무언가를 내포하는 경향이 있다. 이를 실현하기 위한 전략에는 다음과 같은 것들이 포함된다.

- 관리 원칙과의 일관성 유지
- 고객과의 '보다 의미 깊은' 관계 구축
- 후원보다는 전도에 가까운 활동

이것은 최대한 많은 돈을 버는 맥락에서도 고려해야 할 중요한 요소다.

기업은 성장하고 확장하고 노후화하고 인수합병되는 과정에서 이에 대한 연결고리를 상실한다. 그들을 성장하게 하고 위대하게 만든 요소를 잊는다는 얘기다. 역사 연구가 중요한 이유가 바로 여기에 있다. 레니게이드 백만장자가 경계해야 할 위험도 여기에 있다.

크게 성공을 거둔 후 실제로 궤도에서 벗어나는 사업체는 거의 언제나 시장의 상황이 변화해 치명적인 타격이 가해지기 때문에 그렇게 된 게 아니다. 사업체가 궤도에서 벗어나는 전형적인 이유는 원래의 특별한 요소를 망각하고 현실에 안주하는 데 따른 소심함과 나약함으로 인해 구체적이고 고유한 무언가를 더 이상 옹호하지 않으며, 상업적 측면과 거래적 측면에만 치중하기 때문이다. 이 경우, 그들을 기다리는 것은 오직 죽음의 소용돌이뿐이다.

소심 방지 전략

우선, 실제로 훌륭하다고 생각되는 상품이나 서비스만 판매하라. 그러면 거래할 때 소심해질 심적인 이유가 없어진다. 소심해

지지 않고도 판매할 수 있는 상품이나 서비스는 얼마든지 있다. 훌륭하다고 느끼지 못하는 사업에 계속 머무를 필요는 없다.

실제로 효과가 있는 것이 무엇인지 이해하고 실행에 옮겨라. 언제든 기준은 무엇이 우리에게 최상의 결과를 안겨주느냐가 되어야 한다. 그것이 가장 중요하다. 동료 커뮤니티에서 배척당하면 새로운 친구를 사귀면 된다. 반려견을 키워도 되고, 노숙자들을 찾아도 된다. 그들은 당신을 무조건 환영할 것이다.

동료 커뮤니티는 필요하지 않다. 지구상에는 엄청나게 많은 사람들이 있다. 돈을 많이 벌면 친구는 얼마든지 찾을 수 있다. 당신이 나서지 않아도 사람들이 늘 당신 주위를 맴돌 것이다. 그들은 당신의 뒤를 따르고, 당신이 원하면 박수도 쳐줄 것이다. 그러니 효과가 있는 일을 하라. 그 과정에서 아욕我慾 따위는 내던져버려라.

만약 당신이 반反기득권층 청중을 선택했다면, 기득권층을 계속 맹비난하라. 내 돈의 대부분은 실제로 기득권층이 지배하는 환경에 들어가 그들을 세게 찌르고 짜증 나게 하고 화나게 하고 그들이 나를 몹시 싫어하게 만드는 가운데 형성되었다. 그런 곳에도 분명 당신과 같은 생각을 하면서 참고 기다리던 사람들이 있을 것이다. 그들은 당신이 나서주는 순간, 분연히 일어나 마치 내일이 없는 것처럼 목소리를 높일 것이다.

다시 말하지만, 당신은 방에 들어서면 많은 사람이 등을 돌리고 반대편으로 걸어가는 그런 사람이 기꺼이 되어야 한다. 이 게임을 할 거라면 당신은 그런 상황을 편하게 받아들일 줄 알아야 한다.

결론

빅 아이디어는 효과가 있다. 특히 그 아이디어를 진정으로 믿고 끝까지 버텨낼 수 있을 만큼 주변의 비난에 둔감하다면 더욱 그렇다. 즉 동요 없이 밀어붙일 수 있어야 한다.

내 성장을 위해 꼭 필요한 마스터마인드

나는 2014년 11월 댄 케네디의 마그네틱 마케팅 컨퍼런스에 처음 참석했다. 그곳에서 내가 받아 적은 내용은 70페이지에 달했다. 댄은 실로 많은 마케팅 개념에 눈뜨게 해주었다. 이후 나의 사업에 대한 마케팅 방식은 완전히 바뀌었다.

내가 가장 먼저 한 일은 당시 내가 하던 구인구직 사업에 관한 미니북을 쓰는 것이었다. 지금도 나는 새로운 사업을 시작하거나 새로운 서비스를 출시할 때 가장 먼저 미니북부터 작성한다. 2주 전에도 한 권 썼을 정도다.

두 번째는 좋은 것만으로는 충분하지 않다는 것을 절감하는 것이다. 나는 상황이 무르익어 다음 단계로 넘어갈 수 있게 될 때까지 기다리지 않았고, 그럼으로써 100배나 많은 것을 이뤄낼 수 있었다.

당시 나는 전화 세일즈에 대한 거부 반응을 극복하는 방법은 알고 있었지만, 무대에서 많은 사람들을 대상으로 판촉 활동을 펼치거나 세일즈 레터를 통해 판촉하는 방법은 전혀 모르는 상태였다. 마스터마인드는 성장을 위해 필수적이었다. 나는 백만장자가 아니어서 댄의 그룹에는 참여할 수 없었지만, 다른 두 마스터마인드 그룹에는 합류했고, 그럼으로써 다른 멤버들과의 교류와 뜨거운 의자hot seat*를 통해 많은 것을 배울 수 있었다.

가격 책정과 보너스 결정, 긴급 상황 창출 기술 등 댄의 방법은 정말 훌륭했다. 나는 한번에 많은 사람들과 계약을 체

---

* 구성원 중 한 명이 의자에 앉아 자신의 특정한 문제를 구체적으로 밝히면 다른 구성원이 해결책을 찾는 데 도움을 주는 솔루션 모색 기법.

결하는 방법을 몰랐지만, 댄의 기술로 무장한 이후 그의 컨퍼런스에 참석해 두 차례나 무대에 올라 그런 일을 해낼 수 있었다. 그에게서 받은 교육 없이는 절대 할 수 없는 일이었다.

그의 책과 강의를 접하면 당신도 알게 될 것이다. 댄과 그의 팀이 아니었다면 나는 여전히 일방적인 판촉 전화와 일대일 약속을 통해 소득을 올리느라 고생하고 있었을 것이다.

에리카 델시뇨어Erica DelSignore │ 퍼펙트리걸비디오닷컴PerfectLegalVideo.com

6장

SECRET 4
시간, 사업, 삶을 통제하라

신이 당신의 시계를 멈추고 관의 뚜껑을 닫기 시작하면, 돈은 남겠지만 남은 시간은 전혀 없을 것이다. 돈은 얼마든지 훔쳐 가라. 돈은 얼마든지 다시 벌 수 있다. 시간을 훔치겠다고? 그 것은 허용할 수 없다. 이것은 전쟁이다. 사라진 시간은 결코 되찾을 수 없기 때문이다.

사람들은 대부분 반대로 생각한다. '돈이 내게 가장 귀한 것이고, 시간은 내게 얼마든지 있다'라고 생각한다. 그들은 자산과 재고를 보호하기 위해 회사에 정교한 자물쇠와 보안 시스

템, 금고 등을 갖춘다. 그런데 시간을 훔쳐 가는 것을 막기 위해서도 비슷한 잠금장치와 보안 장치를 갖추는가?

전혀.

우리는 우리의 물건을 보호하기 위해 극단적으로 애쓴다. 물건을 보호하기 위해 갖가지 비용을 지출하고, 보험료를 낸다. 우리는 정말 물건을 좋아하고 큰 관심을 쏟는다. 하지만 시간을 보호하기 위해 무엇이든 보호책을 마련하는 사람은 거의 없다. 대부분의 사람들이 누가 언제 찾아오든 맞아들이고, 전화가 울리면 언제든 응답한다. 이메일, 소셜미디어, 인터넷……. 하루 종일 방해되는 것들에 시간을 빼앗긴다. 그들의 시간을 보호하는 수단은 전혀 없다.

돈 자체도 그렇지만, 그것으로 구매하는 물건 역시 모두 쉽게 대체할 수 있다. 레니게이드 백만장자는 돈을 대체하기는 쉽지만 시간을 대체하기는 얼마나 어려운지 잘 알고 있다.

시간에 투여하는 가치가 소득을 결정한다

시간은 예측 가능하다. 내가 오늘 시간을 얼마나 효과적으로 사용했는지에 따라 다음 주, 다음 달, 내년에 은행 잔고가 어떻게 될지 예측할 수 있다. 따라서 시간은 내게 사후 보고서를 받고 문제가 발생한 후 그것을 해결하려고 노력하는 식으로 따라잡아야 할 대상이라기보다 일상적으로 측정하고 모니터하고 통제해야 하는 항목에 속한다. 당신이 시간을 얼마나 소중히 여기냐는 성실성에 대한 훌륭한 시금석이기도 하다. 이와 관련, 유익한 예로 약속된 시간이 아니라 자신이 모습을 드러내는 시간을 회의 시작으로 삼는 것으로 악명 높았던 빌 클린턴이 있다.

나는 시간에 대한 태도를 누구와 거래할지 결정하는 기준으로 사용한다. 시간관념에 실질적인 문제가 있다고 보이는 사람들과는 거래하지 않는다. 이런 점에는 무자비할 정도로 철저하다. 레니게이드 백만장자들은 시간 관리에 매우 능숙하다. 보통 사업가, 특히 거리에서 볼 수 있는 보통 사람보다 훨씬 뛰어나다. 그리고 솔직히 말해서, 그들이 시간 엄수와 시간 존중에 부여하는 가치와 은행 잔고에는 밀접한 상관관계가 있다. 그들의 시간에 대한 건전한 존중에는 그 자원을 효과적으로 사용하는 열쇠가 따른다. 이것의 기초는 구식 '시간 관리'가 아니다(그 자체로 결코 나쁜 것은 아니지만). 그들은 대신 다음과 같은 핵심 전략을 기반으로 한다.

절대로, 결단코 처음부터 시작하지 마라.

기업가는 물건을 창출하고 발명하려는 불타는 욕망을 보유하고 있다. 많은 사람이 이미 차고에 있는 바퀴가 완벽한데도 바퀴를 재발명하려고 한다. 모든 것이 이미 다 발명된 것은 아니지만, 발명을 위한 발명에는 종종 실질적인 보상이 따르지 않는다. 사실, 필요하지 않을 때 발명하는 것은 사업에 실질적인 위협으로 작용한다.

광고와 마케팅 분야를 예로 살펴보면 늘 재활용이 우세함을 알 수 있다. 물론 사람들은 "이번 캠페인에서는 정말 새로운 것을 제시해봅시다"라고 말할 것이다.

그러면 나는 이렇게 말할 것이다. "음, 쓰레기통 판촉물이 효과가 좋았으니, 그걸 한 번 더 이용합시다."

"하지만 올해 벌써 그것을 18명의 의뢰인을 위해 18번 사용했잖아요."

"네, 효과가 좋기 때문이지요. 자, 한 번 더 씁시다."

기억하라. 시간은 가장 소실되기 쉽고 무엇과도 바꿀 수 없는 자산이므로 가능한 모든 경우에 그렇게 다루어야 한다. 빠르게 시선이 가는 이용 가능한 자산이 있을 때 처음부터 다시 시작하는 우를 범하지 마라.

세상의 거의 모든 것에는 역사라는 것이 있다. 지금 눈에 들어오는 모든 것은 이전에 있었던 어떤 것의 재탕에 가깝거나 혼합된 결과물이다. 즉, 어느 경우에든 이용할 수 있는 재탕이나 혼합이 존재한다는 뜻이다. 결국 어떤 종류든 백지 상태에서 시작할 필요가 없다는 얘기다.

처음부터 시작하는 것은 시간 측면에서 끔찍하게 비효율적인 행태다. 시간은 우리가 가진 가장 소실되기 쉬운 자산이라는 사실을 잊지 마라. 다시 말하지만 다른 것은 얼마든지 대체할 수 있다. 사람, 돈, 물건, 무엇이든 대체할 수 있다. 그러나 시간은 되돌릴 수 없다. 누구도 그렇게 할 수 없다. 따라서 절대로 처음부터 시작하지 마라. 상황이나 사물을 볼 때면 새롭지 않은 부분이 무엇인지 생각하라. 그러면 처음부터 시작하지 않아도 되는 부분이 저절로 떠오를 것이다.

일론 머스크Elon Musk를 예로 들어보자. 그를 볼 때 무슨 생각이 드는가? 그는 2가지, 즉 토머스 에디슨Thomas Edison과 P.T. 바넘Barnum이다. 새로운 것이 없다. 에디슨과 바넘의 하이브리드만 있을 뿐이다. 제2의 머스크가 되고 싶다면 이것이 바로 당신이 보고 있는 것임을 이해해야 한다.

제프 베이조스Jeff Bezos는 잭 웰치Jack Welch처럼 경영하면서 산업 시대의 악덕 자본가처럼 독점을 구축했다. 그게 그가 하는 일이다. 따라서 그처럼 되고 싶다면 그런 것을 연구하면 된다.

HBO는 당신이나 내가 아는 것보다 더 많이 〈소프라노스The Sopranos〉를 리메이크했다. 그들이 한 일은 의상을 바꾼 것 뿐이다. 한 시즌은 옛 영국이 무대고 다른 시즌은 중세 프랑스가 무대가 되면서 〈소프라노스〉는 계속 재탕됐다. 하나의 쇼가 연이어 옛 영국에서, 중세 프랑스에서 계속 되풀이된다. 마치 모종의 템플릿(형판)이 마련된 것 같다. 효과가 있는가? 그러면 계속 반복하면 된다.

디즈니는 동일한 월트Walt 스토리 템플릿을 사용하고 있다. 그들은 뻔한 스토리 구조조차 바꾸지 않고, 거기서 벗어난 몇 안 되는 경우에조차 기어코 다시 제자리로 돌아오곤 한다. 스타벅스Starbucks는 유럽의 커피 전문점을 미국화한 것이다. 크레이그스리스트는 신문의 분류 광고 섹션을 온라인화한 것이다.

백지 상태에서 시작하지 마라.

디즈니의 교훈

백지 상태와 관련된, 디즈니의 잘 알려지지 않은 이야기를 소개한다. 1990년대 초, 디즈니 작가들은 이전에 디즈니에서 시도해본 적 없는 것을 제안했다. 그들은 백지 상태에서 구상된 독창적인 개념을 바탕으로 애니메이션 영화를 만들고 싶었다. 이미 존재하는 동화만을 이용하던 디즈니에서 한 번도 해본 적 없는 일이었다. 당시 스튜디오 책임자는 29세의 제프리 카첸버그 Jeffrey Katzenberg였다. 그는 매우 회의적이었지만, 어쨌든 그들이 당시 CEO 마이클 아이즈너 Michael Eisner에게 해당 아이디어를 피력할 수 있도록 주선했다.

아이즈너와의 만남에서 그들의 아이디어는 어떤 결론에도 이르지 못했다. 그들은 이국적인 장소를 배경으로 펼쳐지는 여러 세대에 걸친 복잡한 이야기에 대한 아이디어를 꺼냈다. 동물들이 주인공이며, 처음부터 끝까지 모두 새로운 상상을 바탕으로 한 내용이었다.

무언가 참조할 수 있는 실마리를 찾기 위해 아이즈너는

물었다. "동물판 리어왕 같은 건가요?" 사람들은 모두 '닭고기 같은 맛' 같은 식의 참조를 원하기 마련이다. 그룹의 누군가가 답했다. "아닙니다. 오히려 햄릿에 가깝다고 할 수 있습니다. 동물판 햄릿인 셈이지요."

이 영화는 2개의 오스카상과 골든 글로브상을 수상했다. 이 영화는 1994년 최고의 수익을 올렸다. 2014년까지 10억 달러 이상의 수익을 올렸으며, 실사 촬영 버전과 브로드웨이 연극, 디즈니 채널의 TV 콘텐츠, 캐릭터 제품 등으로 지금도 여전히 수익을 창출하고 있다. 이 영화는 바로 〈라이온킹 The Lion King〉이다. 디즈니에서 처음으로 시도된 오리지널 애니메이션이다.

하지만 세간의 믿음과 달리 이 영화는 전혀 독창적인 스토리가 아니다. 사자들이 등장하는 '햄릿'일 뿐이다. 작가들은 관계자들이 연관시킬 수 있는 고리를 제시했다. 그러한 연결고리가 없었다면, 즉 완전한 백지 상태였다면, 그것은 결단코 영화로 만들어지지 못했을 것이다. 누군가가 처음부터 시작하지 않아도 될 방법을 찾아서 제시했기에 세상의 빛을 보게 된 것이다. 우리 모두를 위한 훌륭한 교훈이 아닐 수 없다.

기생충처럼 생각하라

시간과 돈을 절약하는 가장 효과적인 방법(특히 고객을 확보하는 데 들어가는 에너지 및 비용과 관련하여) 가운데 하나는 당신의 시장에 서비스를 제공하는 다른 사업체들과 제휴를 맺는 것이다. 우리는 때때로 이를 '기생충'이 되는 것이라는 농담을 한다. 내포된 의미는 부정적이지만 당신이 하는 일은 누구에게도 전혀 부정적 영향을 미치지 않는다.

처음부터 고객을 만들고 시장을 창출하는 것은 엄청난 과업이다. 다른 숙주에게 기생하며 그들이 이미 조직해놓은 고객층과 그들이 이미 만들어놓은 시장을 활용하는 것이 훨씬 수월하고 빠르기 마련이다(많은 경우 비용은 더 적게 들고 이익은 더 많이 얻을 수 있다). 사실, 모두가 어느 정도는 이렇게 하고 있다. 다만 의식적으로 그러한 용어로 생각하지 않을 뿐이다.

예를 들어, 당신이 속한 분야의 협회 행사장에 가서 제품을 판매하고 고객을 확보한다면 당신은 기생충이고 그들은 숙주인 셈이다. 보라. 그들은 이미 시장을 구성해놓았다. 당신은 거기 들어가 양분을 취하는 것이다. 당신이 잡지에 광고하는 경우도 마찬가지다. 그들은 숙주가 되고 당신은 기생충이 된다. 역시 당신은 그들이 구성해놓은 시장에 들어가 그들의 독자들에게서 양분을 취하는 것이다. 물론 그에 상응하는 대가는 치르지만 말이다. 더 이상의 예는 지면 낭비가 될 것이다.

조인트벤처와 전략적 제휴의 세계로 한 걸음 더 나아가보자. 기업가들은 이미 시장을 형성해놓은 상태다. 즉, 소비할 의지와 능력이 있는 고객에게 영향력을 행사할 수 있다. 그들이 공격적이고 진보적이라면, 그들의 문제는 단순히 그들이 보유한 허드의 신제품에 대한 수요를 따라갈 수 없다는 것일 수도 있다.

그들은 제품을 필요로 한다. 이런 경우, 당신에게 제품은 있는데 고객이 없다면, 하늘이 만들어준 조합이 형성되는 셈이다. 그리고 만약 당신이 제품은 물론이고 효과가 검증된 마케팅 수단까지 보유하고 있다면, 진정으로 하늘이 내린 조합이 되는 것이다. 레니게이드 백만장자는 이를 이해하고 경우에 따라 기꺼이 기생충이 되어 사업을 출범시킨다. 이들은 제품이 필요한 다른 사업체를 도우면서 양다리 걸치기의 혜택을 누린다.

사람들은 종종 협력하면 서로 좋을 대상이 "예스"라고 답하는 과정을 어렵고 복잡하고 고통스럽게 만듦으로써 상황을 망친다. 어리석은 일이 아닐 수 없다. 사람들이 가장 원치 않는 것은 더 많은 일을 하는 것임을 기억하라. 그들은 이미 해야 할 일을 다 한 상태일 수 있다. 따라서 제품을 가지고 있지만 효과적으로 마케팅하지는 못하는 입장에서 상대에게 부담만 안겨준다면, 협력 거래는 성사될 수 없다. 제품이 얼마나 좋은지와는 관계 없다. 어쨌든 마케팅을 해야 한다는 문제가 남기 때문이다. 거래를 성사시키면 필요한 모든 구성 요소와 도구, 지원책 등을 싸 들고 임해야 한다. 그래야 그들도 즉시 작업을 수행할 준비를 갖추고 뛰어든다. 다시 말하지만, 대부분의 사람들이 조인트벤처에 이런 식으로 접근하지 않는다.

대부분의 사람들이 이해하지 못하는 또 다른 사실은 잘 돌아가는 사업체는 자연스럽고도 당연하게 리스크를 회피하는 경향을 띤다는 것이다. 따라서 당신이 새로운 무언가를 들고 그들을 찾아가 그들의 고객에게 접근하기를 원하는 경우, 머리가 텅 빈 게 아닌 한 그들은 돈만 보진 않는다. 그만큼 안

전에도 관심을 기울일 것이라는 얘기다. 따라서 당신은 해당 거래와 관련된 안전 문제를 해결해줘야 한다. 예를 들면, 그들은 이런 질문을 던질 것이다. "당신의 제품이 실제로 효과가 있는지, 마케팅은 제대로 준비되어 있는지, 기술적 우위는 유지될 것인지, 실제로 약속대로 이행할 것인지 우리가 어떻게 확신할 수 있을까요?" 그들은 이에 대한 확신을 얻기 위해 그간의 이력이나 연혁을 보자고 할 것이다. 하지만 대부분의 사람들이 이에 대한 준비를 갖추지 않고 있다.

OPR을 이용한 시간 절약

경영대학원과 비즈니스 교과서의 접근 방식을 취하면 기업가적 성공의 길을 다음과 같이 생각할 수 있다.

| 1단계 | 아이디어를 짜낸다. |
| 2단계 | 돈을 모으거나 빌린다. |

3단계   사업을 한다.

닷컴의 접근 방식이 바로 이랬다. 아이디어를 창출하고, 다른 사람의 돈OPM, Other People's Money을 끌어들이고, 기업공개 IPO, Initial Public Offering로 돈을 챙기는 방식 말이다. 돈을 모으고, 돈을 쓰고, (사업을 관두고) 먹튀하는 것에 가깝다. 결코 훌륭한 모델은 아니다.

많은 사람이 여전히 OPM이 사업체를 창출하고 구축하는 데 필수적인 구성 요소라고 생각한다. 나는 그것이 사실 파괴적인 관점이라고 생각한다. 레니게이드 백만장자들은 이와 달리 주로 다른 사람들의 자원OPR, Other People's Resource 관점에서 생각한다.

사업체 내에서 새로운 사업을 출범시킨 우리의 마그네틱 마케팅 최고 회원들은 숙주/기생충 관계를 통해 모든 작업을 수행하고 있으며, 외부로 확장할 때는 일반적으로 다른 회원이나 사업체와의 조인트벤처로 새로운 사업체를 창출하고 수익을 올린다. 중요한 것은 그러한 과정에서 누구도 새로 자금을 투입하거나 OPM을 끌어들이지 않는다는 사실이다.

발명은 잊어라. 재사용을 시작하라

새로운 발명이 없어도 얼마든지 부를 계속 창출할 수 있다는 사실을 깨닫는 것 역시 중요하다. 이미 성공적인 것으로 입증된 아이디어와 비즈니스 모델을 재사용함으로써 말이다. 레스토랑 산업은 그들이 창출하지 않은 드라이브스루 방식을 차용해 번창하고 있다. 이제 드라이브스루 방식은 약국과 세탁소, 스포츠 베팅, 심지어 결혼식 같은 다른 모든 종류의 사업에도 확산되고 있다.

연속물 메커니즘은 출판 사업과 '이달의 책' 클럽에서 시작되었다. 현재 우리는 '이달의 과일'이나 '이달의 치즈', '이달의 속옷', '이달의 애완동물 장난감' 같은 것들을 여기저기서 계속 접하고 있다.

(값을 일부만 치르고 예약한 뒤 잔액 완불 후 상품을 수령하

는) 상품 예약 구입 제도는 원래 은행에서 창안한 것이다. 크
리스마스 클럽이라는 이름의 이 제도는 12월에 선물을 사는데
필요한 돈을 저축하기 위해 1년 내내 예금을 하는 방식이었다.
이후 이 제도가 상품 매장들로 퍼지면서 상품 예약 구입 제도
라는 이름을 얻게 됐다. "손님께선 오늘 그 품목을 살 수 있습
니다. 손님께서 그 값을 매주 또는 매월 소액으로 나눠 내는 동
안 상점은 그 상품을 온전하게 보관할 것이고, 손님께서 전액
지불하시면 즉시 내드릴 것입니다." 이 방식은 이제 거의 모든
종류의 사업, 심지어 장례 사업에도 적용되고 있다.

    '구매 시 선물 증정'이라는 아이디어는 일반적으로 화장
품업계의 에스티로더 Estee Lauder가 원조로 인정된다. 지금은 거
의 모든 업계의 상당수 사업체가 '구매 시 선물 증정'을 판촉
수단으로 활용하고 있다. 자동차업계의 모든 기업들 역시 이를
활용하고 있다. 어떤 업계에서든 이를 이용하는 업체를 쉽게 찾
아볼 수 있다.

    레니게이드 백만장자는 비용이 많이 들고 복잡하며 시간
도 많이 걸리기 때문에 새로운 무언가를 발명하는 것 자체를

피한다. 앞부분에서 설명했듯, 시간은 무엇보다 소중하다. 레니게이드 백만장자는 '발명'보다는 조정이나 모델링, 재사용, 용도 변경 등을 좋아한다. 가능한 한 빨리 부를 쌓을 수 있는 방법이 거기에 존재하기 때문이다. 이와 관련해서 다음과 같은 사항을 생각해보자.

돈은 속도를 좋아한다

레니게이드 백만장자는 돈이 속도에 이끌린다는 사실을 이해한다. 그들은 아이디어의 도출과 (그것을 제안하고 판매할) 시장 소개 사이의 시간을 단축하기 위해 할 수 있는 모든 일을 한다. 자세한 계획과 사양 등을 만들고 포커스 그룹Focused Group* 등을 운영하면서 끝없이 검토하는 일은 거의 가치가 없다. 인터넷의 부상과 상시 주문형 서비스의 등장으로 소프트웨어업

---

* 특정 주제에 대해 소수의 그룹을 대상으로 하는 인터뷰.

계는 이를 깨닫고 프로젝트 관리의 '폭포 방식'에서 벗어나 애자일agile 방법론으로 옮겨갔다. 모든 사항을 상세하게 설계하고 검토한 다음에 코드를 작성하기 시작하는 소프트웨어 개발 기법을 버리고 두 명 이상의 프로그래머가 곧바로 코드 작성에 들어가 피드백을 교환하며 보완하고 개선해 빠르게 무언가를 시장에 내놓는 개발 기법을 채택했다는 얘기다.

이는 새로운 게 아니다. 리 아이아코카Lee Iacocca가 크라이슬러Chrysler를 운영하던 암흑의 시대로 거슬러 올라가 사례를 하나 살펴보자. 어느 시점엔가 아이아코카는 회사가 모든 구멍에서 현금을 흘리고 있으며 그런 상황을 해결하려면 조속히 무언가를 해야 한다는 것을 깨달았다. 그러던 어느 날 아이아코카가 공장을 둘러보던 중 직원 한 명이 그에게 다가와 말했다. "저기 저 차들은 컨버터블로 만들면 정말 멋질 것 같습니다."

아이아코카는 눈을 치켜떴다. "그래? 그럼 토치를 가져와 보게." 그들은 그 자리에서 그 차 중 한 대의 지붕을 토치로 잘라냈다. 아이아코카는 말했다. "자, 이제 대학가로 몰고 나가서 여학생들의 반응이 어떤지 한번 보자고."

그것이 연구조사의 범위였다. 설계 프로세스도 없고, 사양도 없었으며, 포커스 그룹도 구성하지 않았다. 그냥 토치만 썼을 뿐이다. 그런 다음 아이디어를 낸 공장 직원과 아이아코카, 그리고 엔지니어 한 명이 차에 올라타 미시간주 앤아버로 몰고 나가 대학 캠퍼스 주변과 술집 거리를 돌아다녔다. 그들은 신호등에서 멈추고 주차장에 세우며 무슨 일이 일어나는지 지켜봤다. 무슨 일이 일어났을까? 여학생들이 다가와 차를 살피곤 했다. 그들은 차를 몰고 공장으로 돌아왔다. 아이아코카는 이렇게 말했다. "오늘부터 우리는 컨버터블을 만드는 겁니다."

이런 것이 성공의 발생 방식이다. 핵심은 준비되기 전에 일을 시작하는 것이다. 그 이면에는 무언가를 시작한다는 사실뿐만 아니라 실제로 그것을 완성해서 출시해야 한다는 막대한 책임감과 긴급성도 새겨진다.

레니게이드 백만장자와 다른 모든 사람 사이의 가장 큰 차이점 중 하나는 각자 느끼는 긴박감의 정도에 있다. 당신의 직원이나 공급업체 직원 같은 평범한 사람들은 1에서 10까지의 척도로 긴박감을 표시할 경우, 대략 0.5 정도의 긴박감으로 일에 임한다. 그 일이 오늘 일어나든, 내일 일어나든, 다음 주에 일어나든 그들에게는 그다지 중요하지 않다. 그들은 대개 자신의 삶에서 발생하는 문제에도 긴박하게 대응하지 않는다. 발명을 적게 할수록 더 빨리 움직일 수 있다. 돈이 엄청나게 많고 시간이 넘쳐난다면 발명에 매달릴 수 있겠지만, 그런 사람이 무언가 발명할 필요를 느낄지는 의문이다. 시간이 본질이다.

댄은 진정 백만장자 메이커다!

내가 댄에 대해 처음 들은 것은 2004년 사업을 시작했을 때로 거슬러 올라간다. 나는 마케팅에 소질이 없었지만(대부분 처음에는 그렇다), 댄의 뉴스레터 단 한 부를 읽자마자 마케팅에 매료됐다(그리고 집착하게 됐다).

1. 댄은 내가 사업에서 성공하는 데 필요한 자신감을 갖도록 도와주었다. 나는 〈막을 수 없는 자신감을 갖는 법 How to have Unstoppable Confidence〉이라는 오디오 CD를 출퇴근길에

반복해서 들었다. 그럼으로써 마음가짐을 제대로 다졌다. 나는 댄의 도움 덕분에 오늘에 이르게 되었다.

2. 나는 체면을 중요하게 생각하는 내성적인 사람으로, 그래서 거래를 성사시키지 못하는 경우가 많았다. 댄의 세일즈 관련 책들은 특히 나의 판매 능력에 큰 변화를 안겨주었다. 사과에서 오렌지, 할인 판매법 등에 이르는 모든 개념이 내게는 정말 대단한 사고 전환을 일으켰다.

3. 나는 콜럼버스를 소재로 한 '헛소리 1도 없는' 마그네틱 마케팅 그룹에 참여해 마케팅 및 광고 기술을 연마했다.

4. 나는 댄이 가르쳐준 비즈니스 및 마케팅 개념을 사용해 지압 치료 사업을 성장시켜 매각할 수 있었다. 댄은 진정으로 백만장자 메이커다. 댄의 세계에 입성하기 전, 지금 나와 가족이 누리는 성공적인 삶은 상상조차 할 수 없었다!

5. 나는 댄이 주최한 이벤트를 통해 많은 사람을 만나 최상의 우정을 공유하고, 훌륭한 선생님도 많이 알게 되었다. 그들 모두 픽 퍼포머Peak Performer와 레니게이드 백만장자 마스터마인드에 속해 있다.

6. 올랜도에서 열린 컨퍼런스에 참석했을 때, 나는 그 '현상', 즉 지난 12년 동안의 성취보다 더 많은 것이 12개월 동안 이뤄지는 현상이 실현될 수 있을 거라고 믿지 않았다. 나는 올해 2개의 사업체와 몇 개의 벤처를 매각하면서 그 현상을 직접 체험했다. 그렇게 나는 댄의 가르침을 따라 '통행료 요금소'가 되었다!

스콧 그레이 Scot Gray | **스템셀파인더닷컴**StemCellFinder.com

7장

SECRET 5
정확한 사고의 힘

이제 내가 가장 중요한 비밀이라고 생각하는 정확한 사고의 힘에 관해 이야기해보겠다. 여기서 '지능'이나 '지혜'라는 표현을 쓰지 않았음에 주목하라. 나는 '당신이 알고 싶지 않을 수도 있는 사실도 알아야 한다'는 취지에서 '정확한'이란 표현을 사용했다. 이것은 우리 모두 실제로 벌어지고 있는 많은 일을 알고 싶어 하지 않는 경향이 있다는 점에서 매우 중요하다.

　대부분의 사람들이 인간과 인간 본성, 사업체의 현실에 대해 정확하게 생각하라고 하면 움찔하거나 움츠러든다. 우리

의뢰인 가운데 편의점과 슈퍼마켓의 도난 제어 분야에서 미국 최고의 전문가로 통하던 인물이 있었다. 여기 그에게서 배운 중요한 내용을 소개한다. 대부분의 점주는 점포의 주된 손실이 손님들의 좀도둑질 때문에 발생한다고 믿는다. 실상은 그렇지 않다. 그들의 손실은 손님들의 좀도둑질로 인한 것이 아니다. 물론 그런 좀도둑질이 없는 것은 아니지만, 손실의 가장 큰 원인은 직원과 배달원의 절도 행위다. 그는 직원이 훔치는 132가지 방법과 배달원이 훔치는 71가지 방법을 목록화했다. 그 자신 역시 한때 배달원으로 일하며 도둑질을 한 적이 있었기에, 개인적인 경험이 이 일을 해내는 데 많은 도움이 되었다.

슈퍼마켓업계에서 절도 행위에 의한 손실 규모는 점주가 얻는 순이익의 3배 정도 된다. 이는 직원과 배달원 등이 투자나 규정 준수, 보험 등과 관련해 아무런 책임도 지지 않으면서 그저 도둑질로 오너가 사업에서 버는 것의 3배를 챙겨간다는 것을 의미한다. 주인이 1달러를 집으로 가져가는 사이에 도둑은 3달러를 가져간다. 도둑질 수입에는 세금도 부과되지 않으므로, 오너라면 더욱 기분이 나빠지겠지만, 실제적인 차이는 이보다 더 크다.

하지만 의외의 사실은 이것이다. 경험적 증거에 따르면 이런 상황이 실로 문제라고 생각하는 상점 주인이 별로 없다는 것이다. 그들은 대부분 흠씬 두들겨 맞은 이후에나 상황이 심각하다고 판단하고 무언가 조치를 취한다.

상황적 윤리의 세계

무슨 일이 있어도 항상 옳은 길을 택하는 사람은 약 5퍼센트에 불과하다. 전체 인구의 5퍼센트는 거짓말과 속임수, 도둑질 또는 그에 상응하는 어떤 것도 할 수 없도록 성향과 행동 양식이 굳어져 있다. 배가 고픈 상태로 길을 걷는데 모퉁이를 돌던 트럭에서 빵 한 덩어리가 떨어지면, 그것을 주워 들고 다음 신호등까지 트럭을 쫓아가 운전자에게 돌려준다. 그들은 그렇게 행동하고 그렇게 처신한다. 인류의 5퍼센트는 그 자신도 어쩔 수 없이 그렇게 움직인다.

그리고 거짓말하고 속이고 훔치는, 다른 5퍼센트의 사람들이 있다. 혜택이 있건 없건 간에 늘 그런 식으로 움직이는 사람들이다. 그들의 성향과 행동 양식은 그렇게 굳어져 있다. 그들 역시 자신을 어쩔 수 없다. 세 살 때부터 진실을 말하지 않고 살아온 사람들이기에 그렇다.

반드시 이해해야 할 사항이 있다. 절도는 단순히 "나는 차고에서 이웃 사람들에게 재판매하기 위해 내가 배달하는 모든 편의점에서 열두 병씩 생수를 훔칩니다" 같은 행동만 말하는 게 아니다. 시간 절도도 있고, 영업 방침이나 절차, 프로그램 미준수도 있다. 이것들 모두 거짓말, 속임수, 도둑질 등의 한 형태다. 이런 이유에서, 이는 매우 광범위한 문제가 아닐 수 없다.

당신과 나, 거의 모든 사람들이 이 5퍼센트의 두 극단 사이에서 살고 있다. 우리에게는 상황적 윤리라는 게 작용한다. 즉, 우리의 기준선은 우리가 처한 상황에 따라 다소 움직이고 조정된다. 사람들과 관련해서도 이를 아는 것이 중요하다. 그래야 정확한 사고를 할 수 있기 때문이다.

예를 들어, 슈퍼마켓에서 장을 본 후 주차한 차로 돌아와서 계산원이 거스름돈을 잘못 계산해서 10달러를 더 준 것을 알았다고 가정해보자. 대부분의 사람들은 되돌아가 그 10달러를 돌려준다. 그렇지 않은가? 그러나 나는 다음과 같은 상황에서는 그에 대한 기준선을 조금 조정할 수도 있다고 생각한다.

● 갑자기 비가 쏟아지기 시작한다.

● 슈퍼마켓에서 족히 3킬로미터 떨어진 곳에 주차한 상태다.

● 아이들을 데리고 나왔는데, 그중 한 명이 바지에 오줌을 쌌다.

● 배우자를 데리러 가기로 약속되어 있는데, 만약 늦으면 배우자가 비를 맞으며 서 있어야 한다.

● 직원들이 불친절했다. 봉지 맨 아래 달걀을 놓고 그 위에 멜론을 올려놓은 바람에 이미 한두 개가 깨져 종이봉투

아래쪽으로 새기 시작했다.

나만 그런 것이 아니다. 다른 누군가가 이런 상황에 처한
경우, 나는 특정 부분에 개입해 살짝 건드려서 이렇게 말하도
록 유도할 수 있다. "뭐, 10달러 벌었네." 당신과 나, 중간의 90
퍼센트 범주에 속한 사람은 누구든, 이렇게 무엇에 대해서든
상황과 정황, 그리고 주변의 자극에 영향을 받을 수 있다. 이런
내용을 아는 것이 바로 정확한 사고 수준이다. 양극단의 5퍼센
트를 제외하면, 이것은 좋은 사람이나 나쁜 사람을 구분하는
문제가 아니다. 그저 모든 사람, 우리 모두에게 해당하는 얘기
일 뿐이다.

사업장 내부에서 도난이 발생하지 않도록 하려면, 당신이
제어할 수 있는 유일한 항목을 제어해야 한다. 그것은 바로 '들
키지 않고 몰래 움직일 수 있는 여건'이다. 그것이 당신이 제어
할 수 있는 유일한 대상이다. 그게 다다. 이는 신뢰에 관한 것
이 아니라 '신뢰하되 확인하는 것'에 관한 것이다.

잘못된 사고는 이런 종류다. "에이, 그럴 리 없어. 30년 동

안 함께 일해온 친구인데 나에게 그런 짓을 할 리 없다고." 우리는 모두 믿고 싶은 그대로 믿는 경향이 있다. 우리는 다른 사람들에게 온갖 종류의 근본적으로 부정확한 믿음과 욕망, 동기를 투사한다. 실제와 거리가 먼 무언가를 추정한다는 의미다. 우리는 그렇게 사람들에게 계속 실망하면서 유사한 실수를 반복한다. 사람들에 대해서뿐만 아니라 모든 종류의 일에 대해서도 그렇다.

돈이 없어서 낡은 차를 굴려본 적이 있는가? 돈이 생긴 지금은 어떠한가? 여전히 오래된 차들을 찾지 않는가? 여력이 되는데도 여전히 똥차만 찾는 사람이 의외로 많다는 사실은 정말 놀랍기만 하다. 그런 사람들은 머릿속에 이런 그림을 그린다. '시동은 걸리겠지. 굴러는 가겠지.' 똥차를 굴릴 때 아침마다 키를 꽂으며 무엇을 하는가? 필경 이렇게 중얼거릴 것이다. '제발, 한 번만 더……'

우리는 상황이 그렇게 풀리지 않으리라는 것을 머리로는 알면서도 틈만 나면 우리가 원하는 대로 추정하려 애쓴다. 낡은 차는 문제가 많은 금속 덩어리일 뿐이라는 것, 거기에다 대고 아무리 말로 어르고 달래도 별 소용 없다는 것을 다들 머리로는 알고 있다. 그럼에도 불구하고 우리 모두 그런 경험이 있다. 안 그런가? 이것이 사업가가 스스로 문제를 일으키는 가장 흔한 방법이다. 많은 사업가가 고객이나 클라이언트, 환자, 동료, 파트너, 직원, 심지어 사물에까지 자신이 바라는 바를 투영한다. 상황을 있는 그대로 보는 것이 아니라 바라는 대로 추정하는 것이다.

사실에 비춰보면 그것이 부정확하다는 것을 알 때조차도 그렇게 하는 데는 많은 이유가 있다. 우리는 어떻게든 이번에는 그것이 정확할 거라고 믿고 싶어 한다. 이번에는, 이 사람은 다를 거라고, 상황이 다를 거라고 믿고 싶어 한다. 하지만 현실은 그렇지 않다. 훌륭한 차도 언젠가는 똥차가 된다. 아무리 다르게 보려 해도 똥차는 똥차일 뿐이다. 사람들도 늘 똑같지 않다. 시간이 지나면 달라질 수 있고, 상황에 따라 달라질 수도 있다. 당신이 바라는 바와 크게 어긋날 수도 있다. 이것이 정확한 사고다.

어렵다는 것은 나도 안다. 그러나 레니게이드 백만장자들은 이를 결코 피하지 않고 수용한다.

리트머스 테스트와 장애물 코스

우리는 다양한 방법으로 다른 사람들에게 형편없는 투자를 한다. 그로 인해 우리는 힘을 잃고, 재정적으로 그리고 감정적으로 피폐해지며, 시간과 에너지를 낭비한다. 우리가 참여하는 사업이나 기회에 대해서도 같은 일이 발생한다. 따라서 단순히 그런 일이 발생하지 않기를 바라는 선에 머물러선 안 된다. 규칙을 정립하고 리트머스 테스트를 실행해 이를 피하거나 예방해야 한다.

내가 아는 모든 성공적인 레니게이드 백만장자는 관계 또는 제휴의 지속 여부를 결정할 때 리트머스 테스트를 활용한다. 나에게 있어 1가지 핵심 리트머스 테스트를 꼽아본다면, 시간 엄수 여부다. 상대방이 작은 약속도 지킬 수 없거나 지키지 않는다면 어떻게 크고 중요한 약속을 지킬 것으로 믿을 수 있겠는가. '그와 일해본 사람들이 다시 그와 일을 하는가?'를 알아보는 리트머스 테스트도 있다. 정말 간단한 척도다.

거래를 시작하려는 상대에게 다음과 같이 질문하면 된다.

당신과 한 번 이상 거래한 사람이 셋 이상 있습니까? 세 군데가 없으면, 거래 협상을 취소하거나 보류하는 게 합당하다. 어째서? 나는 다른 사람이 몇 번 더 함께 잠자리에 들고 싶어 하지 않는 상대와 '훌륭한' 경험을 하는 첫 번째 사람이 되고 싶지 않기 때문이다.

직원을 채용할 때 지원자가 지시를 따를지 알아보기 위해 의도적으로 리트머스 테스트를 수행하는 사람이 많다. 그들이 테스트를 실행하는 이유 역시 간단하다. 간단한 지침을 따를 수 없는 사람이라면 정말로 중요한 지침을 준수하리라 어떻게 확신할 수 있겠는가.

상당히 고전적이지만 여전히 효과가 있는 또 하나의 테스트가 있다. 한 남자가 복권에 당첨됐다. 그는 그 사실을 알리지 않은 채 자신이 아는 모든 사람들에게 전화를 걸어 이렇게 부탁한다. "지금 당장 1000달러를 빌려야 하는데, 이유는 말할 수 없다네. 좀 빌려주겠는가?" 이 테스트는 그가 복권에 당첨된 사실이 알려진 후 그에게 무언가 부탁하러 찾아오는 사람들의 수를 극적으로 줄여준다.

훌륭한 테스트가 아닐 수 없다. 당신도 무언가로 대박이 난다면, 가령 회사를 1억 달러에 매각한다면 주변 사람들에게 밝히기 전에 이와 유사한 테스트를 해볼 것을 권한다.

내가 선호하는 또 하나의 보호책은 도움이나 조언, 돈 등 무엇이든 얻기 위해 찾아오는 사람들을 대상으로 이른바 장애물 코스를 설정하는 것이다. 이것의 핵심은 결단력이나 의지, 책임감, 회복력, 인내심 등 그들에게 필요하다고 생각되는 자질을 스스로 입증하기 위해 무엇이든 기꺼이 할 것인지 확인하는 것이다.

사업을 하겠다면서 돈을 투자해달라고 나를 찾아온 몇몇 친척이 있었다. 나는 그들의 집을 방문해 내가 투자하기 원하는 그 멋진 사업과 관련된 책이 있는지 살펴본다. 아니면 적어도 그들이 그와 관련된 공부를 하고 있음을 보여주는 최소한의 증거라도 찾는다. 그런 게 없으면, 투자도 없다.

예를 들어, 어떤 사람이 레스토랑을 시작하고 싶다고 당신을 찾아왔다고 가정해보자. 당신은 다음과 같이 대답할 수 있다.

"좋아요. 내가 알고 싶은 것은……." 그러면서 다음과 같이 숙제를 내준다. "여기에 내가 당신이 가서 알아내고 정리한 뒤 돌아와서 말해주길 바라는 16가지 사항이 있습니다. 당신이 레스토랑을 차리고 싶어 하는 동네의 시장 상황과 평균 집값, 인구 통계, 다른 레스토랑의 수와 종류 등등이지요. 그 동네에서 정기적으로 레스토랑을 찾는 신용카드 소지자는 몇 명이나 될까요? 찾는 방법을 알려드릴 수는 없어요. 어쨌든 이런 정보는 찾아보면 그리 어렵지 않게 알아낼 수 있습니다. 그런 내용을 파악하고 와서 다시 의논해보기로 하지요."

이것으로 90퍼센트는 해결된다. 그대로 움직이지 않을 사람들은 다시는 그 문제로 당신을 찾지 않을 것이다. 만약 그들이 훌륭하게 숙제를 해온다면, 적어도 성공하기 위해 무엇이 필요한지에 대한 기초적이고 직관적인 이해력은 보유하고 있다는 사실을 입증했으니 투자를 긍정적으로 검토해볼 수 있다. 장애물 코스가 정교할수록 더 많은 불합리한 요청과 부탁이 사라진다.

이렇게 리트머스 테스트와 장애물 코스를 통해 행동 방식

(고객이나 의뢰인, 환자, 직원, 가족 등의)을 조절할 수 있다. 자신이 원하는 것을 얻기 위해 기꺼이 어려운 장애물 코스를 모두 뛰어넘으려고 애쓰는 사람은 거의 없다. 대부분 중도에 포기한다. 불굴의 의지와 진취성, 상황 대처 능력을 보유한 사람만이 머니 피라미드의 상위 5퍼센트에 오른다.

슬프지만, 도처에 바보들이 넘쳐나는 게 사실이다

정확한 사고에 관해 다음과 같은 개인적인 조언을 하고 싶다. '당신이 대하는 모든 사람이 어리석고, 산만하고, 완전히 신뢰할 수 없는 바보라는 전제하에 행동하라.' 이 방법론을 따르면 매일 즐거운 놀라움을 경험할 수 있다. 이 방법론을 따르지 않으면 매우 실망스러운 날이 계속될 것이다.

우선 사람들은 주말마다 자신의 일을 잊어버린다. 월요일에 출근하면 오리엔테이션이 필요할 정도. 실상이 그렇다. 예를 들어보자. 당신과 내가 대화를 나누고 있다고 상상해보

라. 우리는 30년 동안 함께 일해온 사이다. 당신은 똑똑하다. 당신은 바보가 아니다. 우리는 특정한 1가지 사항에 대해 대화를 나눈다. 나는 그것을 즉시 문서 기록으로 남긴다. "어제 우리가 나눈 대화, 이것이 우리가 동의한 내용이에요. 오늘 나와 함께 만찬에 참석해야 하잖아요." 기록을 남기지 않으면 실망스러운 상황이 전개될 게 빤하다.

'뭐 가끔 건망증이 도지면 잊을 수도 있는 거지. 그게 뭐 바보라서 그런 건가?' 혹시 이런 생각이 드는가? 나는 개인적으로 우리가 어느 날 어떤 순간에든 바보가 될 수 있다고 생각한다. 나는 당신이 항상 바보라고 생각하진 않지만, 우리 모두 때때로 진짜 바보가 될 수 있다고 생각한다. 그러므로 항상 기록을 남겨라. 내가 하고 싶은 말은 바로 이것이다. 메모하고 기록하라. 당신은 사람들이 얼마나 엉성한지 이해해야 한다. 기록은 상황을 바로잡는 데 실로 큰 도움이 된다. 기억은 사라져도 기록은 남는 법이다.

미국에서 세 번째로 많은 사망 원인이 무엇인지 아는가? 바로 의료 과실이다. 존스홉킨스 대학 연구원들은 발견하지 못한 합병증에서 단순한 약물 혼동 등에 이르는 실수로 인해 연간 23만 5000명 이상이 사망하는 것으로 추산했다. 연구원들은 나중에 〈워싱턴포스트〉에 이렇게 말했다. "이는 결국 치료해야 하는 질병보다는 치료 자체로 인해 죽어가는 사람들이 더 많다는 얘기입니다."

실수나 부주의로 인한 사고는 어디서나 발생할 수 있다. 대개의 경우 사소한 것들이지만, 어쨌든 발생하기 마련이다. 따라서 당신은 그로 인해 자신이나 사업에 큰 낭패가 생기지 않도록 당신이 취할 수 있는 모든 조치를 취해야 한다. 이는 선택 사항이 아니라 필수불가결한 사항이다.

다음을 유심히 읽어보기 바란다. 로빈 로빈스Robin Robins 사무실의 화장실에 있는 알림판이다.

화장실 에티켓

화장실이 하나뿐인 작은 사무실에서 일하는 데는 몇 가지 어려움이 따릅니다. 모두를 위해 다음 에티켓을 지켜주시기 바랍니다.

1. 변기 시트를 항상 확인하십시오. 다음 사람을 위해 시트가 내려가 있는지, 이물질이 묻어 있지는 않은지 확인하십시오. 변기 앞이나 바닥에 물방울이 있으면 휴지로 닦아주십시오. 바로 당신이 그렇게 해주셔야 합니다.

2. 화장지가 떨어지면, 회색 금속 캐비닛에서 새 화장지를 꺼내 화장지 홀더에 걸어놓아주십시오.

3. 종이 수건이 떨어지면 캐시에게 알려주십시오. 그
   러면 캐시가 채워놓을 겁니다.

4. 휴지통이 가득 차면 내용물을 발로 밟아 공간을
   만들어놓거나 비워주십시오.

5. 화장실을 떠나기 전에 잠시 멈춰서 다음 사람을 위
   해 정리정돈이 잘 되었는지 확인하십시오. 방향제
   분사기를 살짝 한 번 눌러주시면 고맙겠습니다.

사무실 화장실을 사용하는 이성적이고 합리적인 성인들
을 위해 붙여놓은 알림판이라는 사실에 주목하라. 한쪽에 작게
붙여놓은 것도 아니다. 벽 한가운데 크게 붙여놓았다.

나는 이것을 보자마자 사진을 찍어둬야겠다고 생각했다. 이런 것이야말로 정확히 우리가 지금 인생을 살아가는 데 지침으로 삼아야 하는 방식이기 때문이다. 모든 사람이 바보라고 가정해야 한다. 최상의 경우, 항상 바보는 아니지만 언제든지 바보가 될 수 있다고 가정해야 한다.

긍정적 사고의 한계와 이점

이제 정확한 사고의 맥락에서 낙관주의와 긍정적 사고에 대해 알아보자. 합리적 낙관주의와 맹목적 낙관주의 사이에는 큰 차이가 있다. 많은 사람이 돈이 움직이는 이유와 방법에 대한 오해로 인해 낙관주의와 권리 의식을 혼동한다. 돈은 권리 의식에 따라 움직이지 않는다. 당신이 보상받을 권리가 있다고 믿더라도, 보상은 거의 확실하게 당신이 원하는 방식으로 주어지지 않는다. 돈은 화마에 뒤덮인 대초원에서 도망치는 영양처럼 권리 의식으로부터 달아난다.

186

성공적인 결과를 만들어내는 자신의 능력에 대해 낙관적일 수 있다. 상황이나 미래의 전반적인 상태에 대해 낙관적일 수 있다. 자신의 고객에 대해 낙관적일 수 있다. 투자나 계획에 대해 단기적으로 낙관적일 수 있다. 이런 모든 낙관주의는 '그어떤 것도, 그 누구도 신뢰할 수 없으며, 확실하거나 보장되거나 영구적인 것은 없다'라는 인식이 쌓이면서 약해진다.

우리는 항상 다양한 결과에 대비해야 한다. 이는 결단코 징크스 같은 것 때문이 아니다. 많은 불합리한 낙관주의와 관리 태만, 그리고 그와 관련된 재앙은 미신에서 비롯된다(예를 들어, '머피의 법칙'이라는 말을 입밖에 내는 것조차 부정적이라는 개념, 즉 문제에 직면하게 되는 불가사의한 끌어당김이나 심지어 필연성을 발동시킨다는 개념이 그렇다. 단순히 그 말을 하는 것만으로도 그런단다).

미신은 정확한 사고가 아니지만, 긍정적 사고의 힘도 100퍼센트 정확한 것은 아니다. 노먼 빈센트 필Norman Vincent Peale 박사는 긍정적 사고의 중요성을 언급한 책으로 많은 돈을 벌었다. 무슨 일이 있어도 행복하고 긍정적인 결과를 기대하는 폴

리애나Pollyanna*가 되는 것과 긍정적인 결과를 얻을 수 있는 능력에 대한 실제적인 자신감을 갖는 것 사이에는 큰 차이가 존재한다.

긍정적인 사고에 대한 가장 잘못된 해석은 그것이 긍정적인 결과를 얻는 데 필요한 유일한 것이라고 생각하는 것이다. 나폴레옹 힐Napoleon Hill은《생각하라. 그리고 부자가 되어라 Think and Grow Rich》에서 13가지 성공 원칙을 제시했는데, 그 원칙 중 하나가 '정확한 사고'다. 사실, 이는 모두가 가장 좋아하지 않는 원칙이다. 사람들은 '목적의 확실성'을 사랑하고 '열정'을 좋아하지만, '정확한 사고'는 좋아하지 않는다.

정확하게 사고하려면 무엇보다 먼저 자신이 활동하는 세상과 주변 사람들, 주변의 기회, 사업에 내재하는 문제 등에 대해 정직하고 진실에 근거한 평가를 해야 한다. 그런데 대부분의 사람들이 이를 좋아하지 않는다. 영업 사원이 결함을 수정

---

* 동명 소설의 주인공. 낙천적 캐릭터로 얼어붙은 숙모의 마음을 녹이고 마을 사람들을 푸근하게 만든다.

하거나 문제를 제기해 상황을 개선할 방법을 모색하기보다는 이의 제기 번호 12번과 제품의 결함에 대해 아무도 언급하지 않기를 간절히 바라는 것과 같은 모양새다.

　대부분의 사람들이 진실에 근거해 움직이지 않는다. 실제적 한계를 받아들이는 것은 매우 실용적인 자세다. 이는 누구나 마음먹은 대로 무엇이든 할 수 있다는 공격적인 긍정적 사고에 반하는 것이다. 누구나 마음만 먹으면 무엇이든 할 수 있는 현실은 존재하지 않는다.

　레니게이드 백만장자는 언제나 진실과 현실을 전제로 깔고 움직인다. 정확성은 환상이 아니다. 그것은 당신이 원하는 것을 보는 대신 상황을 있는 그대로 볼 수 있도록 돕는다. 당신은 실제로 상황이 어떠하고 어떤 기회가 실재하는지 정확하게 봐야 한다.

잔디 깎는 일에서 하루 6000달러 벌이로!

나는 35세 젊은 조경 사업가다. 5년 전, 나는 원예를 배우고, 잔디를 깎고, 삽질로 진입로 만드는 일 등을 하면서 부자가 되는 실질적인 방법을 배울 수 있는 역할 모델 겸 리더를 찾고 있었다.

지금 나는 나무 조경 사업으로 매일 6000달러의 매출을 올리고 있다. 수익률은 35퍼센트인데, 나날이 향상되고 있다. 하루에 2000달러의 수익을 챙기고 있는 셈이다! 재정적으로, 현재의 내 삶은 내가 원했던 그대로다. 그리고 가장 중요한 것은 내가 선택한 사람들, 즉 나의 진가를 인정하는 부유한 사람들하고만 일한다는 사실이다.

나는 업계에서 효율성과 전문성의 모범으로 꼽힌다. 2000명이 구독하는 뉴스레터를 2개 발행하고 있으며, 지역 조경업체들 사이에서 '경이로운 중견 기업'으로 대접받고 있다. 또한 여행을 많이 할 수 있는 자유를 누리고 있으며, 커뮤니티에서 적잖은 영향력을 행사하고 있다. 어떤 날에는 우편으로 날아오는 수십 개의 수표에 손이 아플 때까지 서명하기도 한다. 그런 날에는 '절대 다른 사람이 수표에 서명하지 못하게 하라'던 댄의 가르침이 떠오르곤 한다.

현재 나는 픽 퍼포머 | 레니게이드 백만장자 마스터마인드의 회원이자 애덤Adam의 큰 후원자로 헌신하고 있다.

앤드류 바크만Andrew Bachman

큰 실수를 하지 않았기에 가능했던

1년에서 1년 반 전, 나는 내 사업과 내가 속한 업계에 큰 불만을 느끼기 시작했다. 규제 당국의 압박이 날로 심해지는 데다 뉴욕주 소재 에너지 공급 회사의 소유주로서 내 사업의 미래가 더 이상 밝게 느껴지지 않았다. 그래서 나는 의료비 청구 사업을 대안으로 검토하기 시작했다. 댄은 내가 업계에서 쌓은 모든 경험을 포기하는 것은 큰 실수가 될 수도 있다고 말했다. 그 조언은 나의 가슴에 와닿았고, 나는 다시 생각하지 않을 수 없었다.

그 후 내가 참석한 슈퍼 컨퍼런스에서 댄은 프레젠테이션을 진행하면서 사업을 크게 성장시키는 여러 방법 중에는 어느 한 곳에서 키운 사업체를 다른 곳으로 옮기는 것도 있다고 설명했다. 그 얘기를 듣자마자 나는 우리가 뉴욕주에서 하던 일을 뉴저지주로 옮겨서 하기로 마음먹었다. 그 결정은 성공적이었다. 우리는 그렇게 뉴욕주의 규제 압력에서 벗어날 수 있었다. 결과적으로 우리는 계속해서 수백만 달러의 매출을 올렸다. 현재, 파트너와 나는 1800만 달러에 사업을 매각하는 양해 각서를 체결한 상태다.

이것은 내가 댄에게 배운 그 모든 것 덕분에 얻을 수 있었던 결과다. 내게는 뇌성마비를 앓는 15세 아들이 있다. 이제 나는 사업 매각으로 생기는 돈과 그간 저축해놓은 돈으로 아들이 나머지 삶 동안 제대로 돌봄을 받을 수 있을 것이라는 사실에 안도하며 눈을 감을 수 있을 것 같다.

스티븐 멜리스Stephen Mellis | 사우스베이 에너지South Bay Energy

8장

SECRET 6
무풍지대를 창출하라

비즈니스 컨설팅 자리에서 거의 항상 나오는 질문이 있다. "귀

사의 경쟁 환경과 가장 강력한 경쟁업체에 대해 말씀해보십시

오." 만약 자동차 정비업체라면 DIY 부품이나 거의 원가로 장

사하는 이웃 정비소 등에 관한 얘기가 나올 것이다. 애완동물

가게나 그와 유사한 오프라인 소매업체라면 월마트Walmart나

아마존 또는 해당 분야의 몇몇 온라인 버전(예컨대 펫크랩닷컴

PetCrap.com 등)에 대한 불만이 쏟아져 나올 것이다. 오늘날 시장

지배력을 고려하건대, 아마존을 최고의 난적으로 꼽는 사업주

들이 많을 것이다. 치열 교정 전문의는 자신의 절반 가격에 투명 교정기를 만들어주는 치과 의사를 최고의 난적으로 정의할 것이고, 변호사는 리걸줌닷컴 LegalZoom.com 을 그렇게 정의할 것이다.

이런 것들이 위와 같은 질문에 사업가나 직원들이 내놓는 전형적인 답변이다. 실제로 가장 강력한 경쟁자는 그들 자신이라는 사실을 알고 이해하고 진정으로 믿는 사람은 상대적으로 적다. 대부분의 경우, 나머지 모든 것은 거의 관련이 없다. 만약 실제로 관련이 있다면, 사람들이 가장 강력하다고 생각하는 경쟁자로 인해 비즈니스 범주 자체가 대량 소멸하는 일이 벌어졌을 것이다.

오늘날에는 아마존을 꼽지만 월마트가 돌연 시가지에 출현해 동네를 쑥대밭으로 만들어놓는 고질라로 여겨지던 시절이 있었다. 당시 우리 업계 전체가 들고 일어나 월마트에 반대의 목소리를 높였다. 심지어 《월마트에 대항하여 Up Against Walmart》라는 책을 출간한 사람도 있었다. 월마트가 시내에 들어설 때마다 모든 종류의 사업에 종사하는 모든 사람을 죽일 거라는 히

스테리와 공황을 이용하려는 강연가와 컨설턴트들이 몰려들어 일종의 산업이 형성되기도 했다.

그런 히스테리는 여전히 존재한다. 월마트가 들어오면 모든 독립 소매점이 죽을 거라며 월마트 매장을 차단하기 위해 시민 동원령을 내린 도시와 시의회도 있지 않았는가. 그러나 경험적 증거는 그것이 기껏해야 50 대 50의 문제임을 말해준다. 월마트가 들어서면 분명히 일부는 죽고 사라진다. 하지만 이전과는 비교할 수 없을 정도로 번성하는 업체들도 생긴다. 그리고 어떤 독립 사업체들은 새로 형성되는 상권과 그에 따른 유동인구에게서 이득을 취하기 위해 가능한 한 새로운 월마트 가까이에 문을 연다. 그리고 그들 역시 번성하는 축에 든다. 결국 가장 강력한 경쟁자는 언제나 당신 자신이다. 월마트나 아마존, 혹은 다른 누군가가 왈츠를 추며 당신의 영역으로 진입하든 그렇지 않든, 이 사실은 변하지 않는다.

확실히 아마존의 제프 베이조스는 독립 서점 산업에 큰 타격을 입혔다. 그러나 생존자는 항상 다른 사람의 죽음을 토대로 번영하게 마련이다. 그리고 조금 더 자세히 살펴보면, 아마존이 하는 것이나 하지 않는 것과는 전혀 관련이 없는(그리고 확실히 가격과도 관련 없는) 살아남은 서점들의 행태적 차이를 볼 수 있다.

그들은 서점이라는 이름 아래 매우 다른 사업을 운영한다. 스티브 애덤스의 애완동물 소매 체인이 그저 애완동물 및 용품 판매점에 그치지 않고 영양 상담사와 훈련사, 목욕 서비스 등을 갖춘 애완동물 종합 서비스 센터로 기능하는 것과 거의 같은 방식이다. 애덤스의 애완동물 소매 체인은 아마존에서 주문할 수 있는 것과 동일한 품목들도 판매하고 있다. 살아남은 서점들도 이처럼 움직이고 있다. 작가 초빙 행사나 세미나, 요리 교실, 극장으로 가는 버스 여행 등을 갖추고, 아마존에서 주문할 수 있는 것과 똑같은 책도 판매하고 있다.

당신 역시 이런 식으로 경쟁에 시달리지 않는 무풍지대를 창출할 수 있다. 불을 피하는 대신 불을 향해 달려가려는 의지만 키우면 된다. 이를 실현하기 위한 몇 가지 효과적인 전략을 소개한다.

1. 두드러져라

첫 번째는 다른 모든 사람과 차별화하는 방법을 찾는 것이다.
일반적으로 제품에서 발견되지 않거나 지속할 수 없는 무언가,
다른 사람이 복제할 수도, 복제하지도 않을 요소를 이용하는
게 좋다. 제품보다는 특정한 포지션이 차별적 요소로 작용하는
경우가 많다. 다른 모든 사람이 3미터 이내로 접근하기를 두려
워하는 무언가를 기꺼이 말하고 옹호하라. 뚜렷한 입장을 취하
라. 땅에 말뚝을 박아라. 기꺼이 동조자를 끌어들이고, 기꺼이
반대자를 성나게 하라.

이와 관련, 전미풋볼리그NFL 선수 콜린 캐퍼닉Colin Kaeper-
nick은 완벽한 예다. 사람들이 미워하든 사랑하든, 그는 확실히
땅에 말뚝을 박은 상태로 반대자들을 불쾌하게 한다. NFL에
서는 기대만큼 앞서 나가지 못하고 있다. 그럼에도 불구하고
나이키Nike는 기꺼이, 그리고 꾸준히 돈을 퍼붓고 있다.

사업가들은 대개 효과 유무를 떠나 여타 정치적 고려 사
항 때문에 무리에서 따로 떨어져 움직이기를 꺼린다. 그러나

따로 떨어져 노는 것이야말로 지금까지 나온 최고의 무경쟁 전략이다.

2. 지위를 높여라

다음 전략은 당신이 그럴 수 있는 모든 부문에서 지위를 높이는 것이다. 다른 모든 사람 위에 올라서라.

책을 써서 작가의 반열에 오르는 것을 예로 들어보자. 10년 전만 해도 이것은 지위를 높이는 좋은 방법이었다. 하지만 지금은 포커판에서 게임에 참여하기 위해 내놓는 앤티Ante* 정도에 불과하다.

어드밴티지 | 포브스북스에서 책을 출판하라. 그러면 지위가 달라질 수 있다. 책을 10권 써라. 오, 그러면 지위가 또 달라질 것이다. 유명한 저자와 공동집필하라. 그러면 또 지위가

---

*   포커 게임에서 참가자가 거는 돈.

달라질 것이다. 당신이 사업하는 방식을 드러내는 책을 써라. 예컨대 이런 식으로 말이다. "나는 내 모든 비즈니스 스토리를 소설로 구성하고자 합니다." 그러면 또 달라질 것이다.

강연가로 명성을 얻어라. 그렇다. 20년 전에는 이 방법으로도 판도를 바꿀 수 있었다. 그러다 어느 시점부터 이 역시 앤티가 되었다. 이제 사람들은 묻는다. "하버드에서 강연한 적이 있나요?" "우주 정거장에 올라가 그곳의 우주비행사들을 상대로 강연한 적이 있나요?" 그렇다. 지위를 얻으려면 다른 사람들 위에 올라서야 한다.

----

3. 혼자 출현하라

당신이 하는 모든 것에서 할 수 있는 모든 방법을 동원해 혼자 모습을 드러내라. 영업 활동을 할 때는 특정 장소에 당신 자신과 잠재 고객들만 모이게 할 방법을 찾아라. 오직 당신과 그들뿐이어야 한다.

이해하기 어려운가? 아주 쉬운 원칙이다. 만약 당신이 뚱 뚱하고 못생긴 데다가 정말 역겹기까지 한 남자인데 여자를 차에 태우고 싶다면? 당신이 그럴 수 있는 최상의 시나리오는 그녀의 차가 아무도 없는 한적한 도로에서 고장이 나고 인근 숲에서는 늑대들이 으르렁거리는 가운데 당신이 지나가다가 차를 세우는 상황 같은 것들뿐이다. 적당히 잘생긴 남자들이 붐비는 술집에서 당신이 원하는 바를 시도에 옮기면 실패 확률 100퍼센트다.

당신이 홀로 상대를 통제할 수 있는 장소를 고르거나 환경을 조성하라.

4. 사전 결정을 강화하라

잠재 고객이 당신과 상호작용하기 시작하는 바로 그 첫 단계부터 당신과 거래할 마음을 먹도록 상황을 설정하라. 그런 것이 충격과 공포 패키지의 목적이고, 설문조사를 수행하는 목적이며, 작업을 시작하기 전에 받는 착수금의 목적이다.

벽돌 오븐을 포함해 모든 것을 갖춘 턴키 방식의 주방 리모델링을 전문으로 하는 사업가가 있다. 그는 기존의 무료 상담 방식을 버리고 사전에 수수료를 청구하는 방식으로 상담 프로세스를 전환했다. "출장 상담료 750달러를 내셔야 하며, 그 돈은 계약 체결 시 착수금에 포함됩니다."

이것은 업계에서 전례가 없는 일이었다. 더욱이 그는 영국에서 사업을 하는 관계로, 이는 전례가 없을 뿐만 아니라 매우 무례한 일이기도 했다. 하지만 그는 상담을 요청한 사람의 집으로 차를 몰고 가면서 상담료를 청구한 게 옳다고 확신할 뿐 아니라, 심지어 청구 금액이 너무 적지 않았나 생각한다. 다운튼 애비에서도 최상위 부자들만 산다는 부촌의 한 저택으로 향하고 있기 때문이다. 그는 2만 5000달러에 리모델링 계약을 체결한다.

상담료 형태의 착수금이 없었다면 계약을 체결할 가능성이 더 낮았을 것이다. 첫 번째 방문에서 계약이 성사될 가능성은 더 낮았을 것이고, 최종적으로 2만 5000달러짜리 거래에 이를 가능성 역시 더 낮았을 것이다. 그러나 그는 750달러의 상담료를 책정함으로써 "좋아. 웬만하면 이 사람에게 맡겨야겠군" 같은 식으로 잠재 고객의 사전 결정을 강화했다. 일단 상담을 요청한 잠재 고객들과는 쉽게 계약을 체결할 수 있는 상황이 만들어진 셈이다.

잠재 고객들이 더 많은 관문을 넘어서게 할수록 그들의 매몰 비용은 더 많아지게 마련이고, 그럼으로써 당신과 거래하는 데 더 많은 시간과 여타의 무엇을 투자하게 된다. 거래가 체결될 가능성이 더 커지고 가격의 탄력성도 더 높아진다는 뜻이다.

----

5. 시간을 투자하게 하라

이 방식을 활용하는 이유는 잠재 고객이 당신과 보내는 시간이 매우 중요하기 때문이다. 예를 들어, 선세터 차양막 회사는 뇌가 있다면 가정 방문 영업 상담을 더욱 확대해야 한다. 영업 사원이 잠재 고객의 집에 최대한 오래 머무르는 게 중요하기 때문

이다. 그가 오래 머물수록 집주인은 더 많은 시간을 투자하게 되고, 그렇게 투자되는 시간이 늘어날수록 거래가 성사될 확률은 더 높아진다. 여기에는 충격과 공포의 패키지를 경험하고, 스스로 팝콘을 만들고, 홍보 DVD를 보면서 보내는 시간도 포함된다.

DVD와 관련해 한 가지 더 짚고 넘어가자. 모두들 말한다. "오, 판매 프레젠테이션은 7분 길이로 만들어야 합니다." 아니다. 절대로 그렇지 않다. 내가 원하는 길이는 다음과 같다. DVD에 얼마나 담을 수 있는가? 이것의 나의 질문이다. DVD에 담을 수 있는 만큼이 내가 바람직하다고 생각하는 길이다.

우선 DVD는 다른 것을 확인하기 위해 창을 닫고 나가기 쉬운 온라인 홍보 동영상이 아니다. 일단 한번 보기 시작하면 중지하는 게 훨씬 더 번거롭다. 어쨌든 팝콘까지 준비하지 않았는가. 무릎에 개를 올려놓고 보고 있지 않은가. 애써 DVD 플레이어를 찾지 않았는가. 적절한 리모컨까지 찾았고, DVD를 플레이어에 넣지 않았는가. 이런저런 이유로 그들은 계속 바라볼 것이다.

차를 몰고 극장에 갔는데 영화가 기대 이하인 경우, 과연 얼마나 많은 사람이 자리를 박차고 나오는가? 혹시 당신은 그래도 여전히 절반까지, 4분의 3 정도까지, 끝까지 다 본 적 없는가? 만약 집에서 넷플릭스Netflix로 그 영화를 보는 상황이었으면 어땠을까? 5분! 이것도 길게 잡은 거다. 하지만 극장에 가기 위해 상당한 시간을 투자한 경우에는 대부분의 사람들이 엉터리 영화라도 더 오래 보게 마련이다.

투자되는 시간을 늘릴수록 판매 전환율은 증가한다. 미라클이어Miracle Ear의 전환율은 영업 사원들이 형편없는데도 거의 두 배 가까이 증가했다. 그들이 한 것은 시험 시간을 두 배로 늘린 것뿐이었다. 다른 건 안 하고 그냥 빌어먹을 시험 시간만 늘렸을 뿐이다.

자, 집주인 부부가 45분이 아닌 1시간 30분 동안 앉아서 그 DVD를 지켜봤다면? 그 정도 시간을 투자한 경우에는 구매 가능성이 100퍼센트에 가까워진다. 똑같은 엉터리 영업 사원, 똑같이 끔찍한 프레젠테이션, 똑같은 엉터리 매매 체결 기법……. 그들은 또 무엇을 할 수 있을까? 그 8가지 시험 사이에

대기 시간을 설정해 해리엇과 밥이 앉아 있어야 하는 시간을
늘리면 된다. 빙고, 전환율이 올라간다.

잠재 고객이 투자하는 시간의 힘을 과소평가하지 마라.

6. 판매를 유도하는 환경에서 영업하라

아주 유익한 조언이다. 항상 판매에 유리한 환경을 만들어놓
고 움직여라. 여기 전형적인 지압 치료사가 있다. 1979년이든
2020년이든 시대는 중요하지 않다. 그들은 장래의 환자가 진
단 검사를 받으러 클리닉에 오게 만들기 위해 온갖 수고를 들
인다. 그들은 지역 신문에 광고를 낸다. 그들은 라디오에 나가
고 토요일 아침 토크쇼에도 출연한다. 그들은 검사받을 사람들
을 모으기 위해 세상에 알려진 모든 것을 다 한다. 그들은 그렇
게 돈을 쓰고 시간을 소비하고 피를 흘린다. 그리고 손님이 오
면 엑스레이를 찍는 등 필요한 모든 검사를 하고 그 손님이 다
시 찾아오는 날 이른바 '검사결과 보고'라는 영업 프레젠테이

션을 펼친다.

그들은 대부분 클리닉의 두 곳 중 한 곳에서 이런 행동을 수행한다. 한 곳은 치료실이다. 그래서 환자가 등받이 없는 치료 테이블에 앉게 된다. 허리가 좋지 않은 환자가 말이다. 치료사들은 이 문제를 거의 인식하지 못한다. 내가 그들에게 그 점을 지적할 때마다 무슨 얘긴지 알아듣지 못하고 눈만 깜박거린다.

밥과 그의 아내가 치료 테이블에 앉아 있다고 상상해보라. 아내의 발은 바닥에 닿지도 않는다. 부부 둘 다 엄청나게 불편하다. 그들의 시선은 구석에 박힌 쐐기형 라이트 박스로 인해 자꾸 한쪽으로 돌아간다. 그렇지 않아도 아픈 목에 통증이 가중된다. 내가 이런 문제를 설명할 때마다 치료사들은 놀란 표정을 짓는다.

지압 치료 클리닉을 찾는 환자들은 대개 중년층 아니면 노년층이다. 등이 아픈 데다가 시력도 별로 좋지 않은 그들이 라이트 박스로 너머로 엑스레이 사진을 보면서 설명을 듣는 모습을 상상해보라. 그런 상황에서 치료 프로그램을 어떻게 보여주겠는가? 테이블도 없고 패드도 없고 아무것도 없다. 이것이 영업 시나리오 1번이다.

영업 시나리오 2번은 전화 부스 2개 크기만 한 사무실에서 이뤄진다. 치료사의 점심 꾸러미가 한쪽에 놓여 있고, 여분의 옷들이 걸려 있고, 그가 기르는 개와 개 침대가 구석에 있고, 책상 위에는 서류 더미와 거의 듣지 않는 CD, 잡동사니 등이 널려 있는 사무실 말이다. 그는 해리와 마지를 안으로 이끌고 옆으로 돌아오도록 손짓하며 의자에서 무엇인가를 치운 후 앉으라고 권한다. 이곳이 그들의 프레젠테이션 공간이다. 거래를 성사시키려면 클로징 전용 공간이 필요하다고 말하면 열에 아홉은 이렇게 답한다. "아, 그럴 만한 공간이 없어요. 따로 마련하려면 비용이 너무 많이 들 거예요. 클로징 룸을 만드는 데 돈을 쓰고 싶지 않습니다."

당연히 그럴 것이다. 그들은 계속 그렇게 광고와 마케팅에 모든 돈을 쓴다. 거래 성사와 관련해서는 상상할 수 있는 최악의 방식으로 설계된 환경으로 사람들을 끌어들이면 된다. 그래선 안 된다는 것이 세상사의 상식인데도, 얼마나 많은 사람이 여전히 상식을 무시하고 있는지 한번 곰곰이 생각해보길 바란다.

7. 압도적인 힘으로 고객을 확보하라

승리는 부드럽게 이루어지는 법이 거의 없다. 스포츠 분야에
서 정말 위대한 감독들은 이미 승부가 기울어진 상황에서도 고
삐를 늦추지 않는다. 그래서 당연히 욕도 먹는다. 그러나 모두
가 알고 있는 감독들, 예컨대 대학 미식축구계의 전설적인 감
독 베어 브라이언트Bear Bryant와 우디 헤이즈Woody Hayes, 닉 사
반Nick Saban 등은 이미 승부가 기울어졌을 때조차도 점수차를
더 벌리기 위해 애썼다. 그들은 상대를 패배시키기만 한 게 아
니다. 상대의 기까지 꺾어 향후 3년 동안은 만나기만 하면 주
눅 들도록 만들었다. 그들은 상대가 운동장을 떠나 로커룸으로
향하면서 훌쩍거리며 울길 바랐다. 베어는 대부분의 시합에 계
속 1군을 기용했으며, 점수차를 50점까지 벌린 적도 있다. 그
는 외쳤다. "죽여라. 죽어서 바닥에 뻗게 만들어라." 비즈니스

에서도 마찬가지다. 베이조스는 단순히 이기려고만 하지 않는다. 그는 범주를 지배하려 하고, 범주 킬러가 되려고 한다.

사업에서 압도적인 힘을 구사하는 데 전념한다는 것은 곧 고객을 확보하는 데 가능한 한 많은 돈을 써서 난공불락의 무적이 되어 성공을 구가한다는 것을 의미한다. 목표 시장을 장악해서 부자가 된 사람들의 비결은 고객을 확보하고 유지하기 위해 압도적인 규모의 지출을 할 수 있도록 사업의 경제 메커니즘을 구조화한다는 것이다.

대부분의 사업체가 저지르는 실수가 있다. 어떤 방식을 동원하든 가능한 한 적은 비용을 들여 고객을 확보하려고 드는 것이다. 이런 행태는 여러 미디어 옵션의 활용 능력을 심각하게 제한하며(기껏해야 조금씩 두루 이용할 수 있을 뿐이다), 그와 동시에 확보한 고객을 육성하는 능력도 크게 제한한다. 레니게이드 백만장자는 정확히 그 반대로 움직인다. 따라서 모든 미디어 옵션을 공격적으로 이용할 수 있고, 확보한 고객을 육성하고 유지하는 데 역동적으로 투자할 수 있다.

나는 사업주들에게 종종 이렇게 묻는다.

"고객 한 명을 확보하는 데 어느 정도 비용을 들입니까?"

"글쎄요, 86달러 정도입니다."

"당신이 속한 업계의 평균은 어느 정도라고 생각합니까?"

"아마 우리가 중간쯤에 속할 겁니다. 우리보다 조금 더 쓰는 사람도 있고, 조금 덜 쓰는 사람도 있는 것 같습니다."

이 경우, 내 조언은 다음과 같다.

"거기에 0을 추가해 860달러를 어떻게 쓸 수 있을지 알아봅시다."

"860달러나 쓰고 싶지는 않습니다."

하지만 그래야 한다. 그 이유는 다음과 같다.

"(그렇게 하면) 당신은 주변을 돌아다니며 당신이 속한 범주와 시장에서 극심한 절망에 빠진 다른 모든 사람들을 보게 될 겁니다. 그들이 좌절감에 주저앉거나 사업을 접는 것을 보게 될 겁니다. 당신은 업계에서 욕을 먹게 될 겁니다. 자, 어떻습니까? 860달러를 써야 하겠지요? 어떻게 하면 될지 알아봅시다."

평범한 사업가들은 리드당 비용을 줄이는 방법에 초점을 맞춘다. 레니게이드 백만장자는 항상 리드당 비용을 더 많이 들일 방법을 찾는다. 이것이 비밀이 되는 이유는 보통 사람들의 생각과 정반대라는 데 있다. 사실, 이것은 단순한 비밀 그 이상이다. 리드를 획득하기 위해 얼마든지 비용을 들일 수 있도록 사업의 전반적인 경제 메커니즘을 설계하는 방법을 찾기 위해 끊임없이 노력하겠다는 전략적 결정이기에 그렇다.

그렇게 하는 이유는, 그래야 다른 사람이 광고할 수 없는 곳에서 광고를 할 수 있기 때문이다. 그래야 다른 사람이 광고할 수 있는 것보다 더 많이 광고할 수 있기 때문이다. 그래야 누구보다 더 많은 마케팅을 할 수 있기 때문이다. 그래야 실질적으로 제한 없이 마케팅을 펼칠 수 있으며, 모든 옵션을 이용할 수 있기 때문이다.

벤 알타도나Ben Altadonna는 지압 치료사들의 정보 마케팅 담당자다. 벤은 매주 업계 저널에 전면 광고, 때로는 두 페이지 전면 광고를 게재한다. 경쟁자는 끊임없이 유입되고 사라진다. 사실 거의 항상 다섯이나 여덟, 또는 열 명의 경쟁자가 있다. 그러나 그들이 매번 같은 사람은 아니다. 거의 진입하자마자 죽어 나가기 때문이다.

그와 경쟁자들의 가장 큰 차이점은 그가 고객을 확보하기 위해 지출하는 비용에 신경 쓰지 않는다는 데 있다. 그는 고객을 확보하기 위해 1000달러든 1500달러든 지출한다. 그가 그렇게 할 수 있는 이유는 사업의 경제 메커니즘을 고객으로부터 그 이상 벌도록 설계해놓았기 때문이다. 일단 고객을 확보하면 또 다른 고객을 확보하기 위해 다른 누구보다 더 많은 돈을 지불할 여유가 생긴다. 이것이 바로 전력질주와 마라톤의 차이점이다. 이렇게 마라톤을 뛸 수 있는 방식으로 메커니즘을 설계해야 한다. 그래야 유지력의 이점을 누릴 수 있다.

아무도 당신이 지출하는 것보다 더 많이 지출할 여유가 없어서 당신이 원하는 만큼 웹사이트 트래픽을 얻을 수 있다고 상상해보라. 이것은 당신에게 엄청난 경쟁 우위를 제공한다. 당신이 거의 모든 미디어를 점유하면 다른 모든 사람은 머물 힘을 잃고 중도하차할 수밖에 없다. 당신이 전체 시장을 소유하면 누군가가 새로 뛰어들지 않는 한 당신이 시장의 유일한 사업자이므로 고객 확보 비용을 줄여 나갈 수 있다.

이것이 바로 차이점이다. 대부분의 사람들이 리드 확보

비용을 한 푼이라도 줄이기 위해 애쓴다. 우리는 응답률이 끔찍하고 리드당 비용이 사악하지만 그래도 고객은 확보할 수 있는, 그다지 효과가 크지 않은 미디어에도 비용을 더 많이 지출할 수 있는 방법을 알아내려고 노력해야 한다.

여기서 중요한 사안은 초기 거래 규모다. 그것이 다음 행보의 많은 부분을 좌우하기 때문이다. 주머니가 넉넉한 일부 기업은 부정적인 상황을 한동안 처리할 수 있기에 이를 수행할 수 있다. 다른 사업체는 매달 규모를 조절하는 연속성 프로그램으로 그 격차를 해소할 수 있다. 많은 사업체에 가장 좋은 선택안은 즉각적으로 대량 판매에 나서거나 일련의 대량 판매를 제안해 초기 거래의 평균 가치를 높이는 것이다.

이러한 생각은 평범한 사업가나 평범한 중소기업가에게는 너무나 생소할 것이다. 진정한 기업가에게도 생소할 것이다. 내 말은, 그들이 이를 이해하지 못하거나 받아들이지 않기에 초기 거래 규모와 수익에 크게 제한을 받는다는 뜻이다. 레니게이드 백만장자들이 하는 일은 그러한 제한으로부터 스스로를 해방시켜 그것이 사라지게 만드는 것이다.

8. 거부할 수 없는 제안을 창출하라

많은 사람이 마케팅을 거꾸로 한다. 그들은 세일즈 레터나 판촉 캠페인, 웹사이트, 소셜미디어 등에 공을 들인다. 제안은 그들이 다루는 마지막 일이다. 세일즈 레터의 마지막에, 광고의 끝부분에 제안을 담기에 하는 말이다.

올바른 방법은 거부할 수 없는 제안을 창출해 그것을 맨 처음에 제시하는 것이다. 그래야 사람들이 회의론을 유보하고, 상식을 차단하며, 기꺼이 그 제안에 관심을 기울이게 된다. 잊지 말아야 할 것은 대부분의 사업가들이 프로세스 초기부터 가장 강력한 제안을 만드는 데 충분한 시간을 할애하지 않는다는 사실이다.

주변에 레니게이드 백만장자가 있으면 그가 어떻게 인쇄물 광고를 하고, 어떻게 무대에서 판촉 프레젠테이션을 펼치며, 어떻게 전화나 대면 영업 사원들을 교육하는지 살펴보라. 레니게이드 백만장자들은 할인과 프리미엄, 다중 보장 등을 포함한 상당히 복잡한 다층적 제안을 하는 경향이 있음을 알게 될 것이다. 평범한 제안도, 단순한 제안도 아니다. 그들은 극도로 강력하고 극도로 매력적인 제안을 공들여 설계해서 내놓는다.

댄은 나를 지압 치료사에서
지압 치료 서비스 마케터로 변모시켰다

1997년, 모든 것이 바뀌었다. 이 해는 내가 댄 케네디의 마케팅 코스에 등록한 해다. 댄을 알게 되기 전, 나는 다른 지압 치료사들과 같은 시각으로 세상과 지압 치료 세계를 바라보았다. 댄은 시장과 고객, 환자에게 초점을 맞추라고 가르쳐주었다.

그리고 나는 다음과 같은 사항들도 배웠다.

- 미디어 사용 방법
- 광고 문안 작성 방법

- 테스트 및 추적 방법

- 리드 생성 및 전환 방법

- 사업체 운영 방법

- 정확하게 생각하는 방법 등등

댄의 가르침에 따라 나는 나 자신을 지압 치료사가 아니라 지압 치료 서비스 마케터로 생각하기 시작했다. 나는 자신이 하는 일보다 자신의 일을 마케팅하는 것으로 훨씬 더 많은 돈을 벌 수 있다는 사실을 배웠다. 나는 내 시간을 소중히 여기는 방법과 그러한 지식으로 무엇을 어떻게 해야 하는지도 배웠다. 그리고 돈을 벌기 위해 돈을 쓰는 방법도 배웠다. 댄 케네디의 가르침이 담긴 것이라면 무엇이든 손에 넣어 탐구할 것을 강력히 권한다.

벤 알타도나 박사 | 카이로트러스트ChiroTrust

9장

SECRET 7
적게 만들고 많이 구현하라

사람들은 정말 '구현'보다 '창조'를 더 좋아한다. 이를 완벽하게 보여주는 오래된 지옥 농담이 있다. 한 무리의 새로운 망자들이 지옥문 심사대 앞에 도착한다. 심판관이 그들을 한 명 한 명 확인한 후 향후 상황을 설명한다.

"여기는 당연히 지내기에 아주 힘든 곳이다. 너희는 여기서 영원히 힘들게 살게 될 것이다. 그래서 우리는 너희 각자가 원하는 단 한 가지만은 허하기로 했다."

첫 번째 망자는 덩치가 아주 큰 남자다. "저는 몸무게가

270킬로그램입니다. 뭐든 마음껏 먹고 싶습니다." 심판관이 말한다. "좋다. 뷔페에서 청소부로 일하게 하마. 거기서 일하면서 먹을 수 있는 건 얼마든지 먹도록 하라."

다음 사람은 허리까지 셔츠를 풀어 헤치고 목에는 사슬형 금 목걸이를 걸고 있다. 마이애미에서 자동차 세일즈맨으로 일하던 사람이다. 심판관이 묻는다. "네가 원하는 것은 무엇이냐?" 세일즈맨은 이렇게 답한다. "저는 섹스 중독자입니다. 영원히 섹스 없이 지낸다는 것은……." 심판관이 말한다. "알았다. 사창가에서 심부름꾼으로 일하게 해주마. 매달 세 번째 금요일에 원하는 모든 것을 공짜로 취하게 될 것이다." 그는 "아주 좋습니다"라고 답한다.

다음 남자는 스리피스 정장 넥타이 차림에 서류가방을 들고 있다. 심판관이 묻는다. "너는 뭐하던 놈이냐?" 남자는 "세일즈맨이었습니다"라고 답한다. 심판관이 묻는다. "너는 무엇을 원하느냐?" 남자의 답은 이랬다. "새로운 제품 브로셔를 원합니다."

세일즈 매니저라면 즉각 이해할 수 있는 농담이다.

세일즈맨은 모두 더 많은 세일즈 보조 도구가 만들어지길 원한다. 그들은 사무실에 들어와 항상 더 많은 보조 자료를 요구한다. "또 다른 제품 브로셔가 필요합니다. 또 다른 파워포인트 프레젠테이션 자료가 필요합니다. 또 다른 동영상 홍보물이 필요합니다."

누군가에게 소셜미디어 마케팅을 맡기면, 그는 매일 사무실로 찾아와 새로운 동영상을 만들어달라고 할 것이다. "새로운 비디오가 필요해요. 또 다른 비디오가 필요해요. 또 다른 비디오가 필요해요. 새로운 제품이 필요해요. 또 다른 제품이 필요해요. 새로운 프로모션이 필요해요. 우리는 또 이것이 필요해요. 우리는 또 새로운 것이 필요해요."

당신은 그래선 안 된다.

효과가 있는 것을 찾아서 그것이 효과가 없어질 때까지 사용하라. 싫증 낼 때가 아니다. 새로운 것을 시도하고 싶어 힐 때가 아니다. 아주 새로운 아이디어로 창의의 샘물이 용솟음칠 때가 아니다. 효과가 없을 때 새로운 것을 시도하라. 그렇지 않는 한, 계속 그것을 사용하라.

동네에 새로 주민이 이사 오면 우편 홍보물을 보내는 자동차 정비소가 있었다. 그 홍보 전단은 아이들이 만든 것처럼 보였다. 크레용으로 그린 어설픈 그림 아래 '우리 엄마와 아빠의 자동차 가게를 찾아와주세요'고 써 있었다. 그들은 이 우편물을 벌써 9년째, 새로 이사 오는 주민에게 발송하고 있다. 여전히 효과가 있기 때문이다.

당신은 이런 것을 원해야 한다. 물론 이것은 대부분의 사람들이 열망하는 바가 아니다. 사람들은 대개 그 신선함이 오래 지속되지 않는 모든 새로운 것들에 매혹되곤 한다. 그렇게 새로운 것들에 빨려 들어가면 결과는 빠하다. 미디어가 당신을 위해 일하도록 만드는 대신에 당신이 미디어를 위해 일하게 된다. 미디어들의 배만 불리게 된다는 뜻이다. 우리에게 필요한 것은 앞서 설명한 자동차 정비소에서 이용하는 것과 같은 종류의 홍보물이다. 효과 있는 수단이 있으면 그것을 최대한 이용할 수 있는 방법을 강구하라.

더 많이 구현하고, 더 적게 혁신하라

사람들 대부분은 발명이나 혁신이라는 말만 들어도 좋게 느낀다. 그들이 반대로 행동하는 이유가 바로 여기에 있다. 문제는 돈이 되는 것은 그보다 훨씬 많은, 지루한 것들이라는 사실이다.

우리는 마케팅 의뢰를 받아 〈골드 바이 더 인치Gold by the Inch〉라는 TV 쇼를 9년 동안 방영한 적이 있다. 해당 마케팅의 의뢰인은 그 TV 쇼를 빠뜨리지 않고 보는 나쁜 습관이 있었다. 30분짜리 인포머셜 프로그램인 그 쇼의 기본적인 구성 방식은 9년 동안 전혀 변하지 않았다. 무슨 말인지 이해할 것이다.

그는 매일 밤 침실에서 문자 그대로 TV를 켜두었다. 자신의 쇼를 본 다음에 잠들고 싶었기 때문이다. 그의 아내는 미친 짓이라고 짜증 내며 침실을 나가곤 했다. 그는 한 달에 300번은 그 쇼를 시청했다. 너무도 훌륭한 쇼라서? 아니다. 회당 1만 8000달러의 제작 지원료를 지불하는 입장이기에 녹화해놓고 보고 또 본 것뿐이다.

어느 날 그가 나에게 이렇게 말했다. "볼 만한 사람은 다 봤을 테니 새로운 쇼를 방영해야 하지 않을까요?"

"아니에요. 당신만 충분히 본 거예요. 모든 사람이 다 보지는 않았어요. 당신 혼자서 시청률을 올리고 있는 거나 마찬가지라고요. 밤에 잠이나 충분히 주무세요."

"지금쯤이면 다들 봤을 거예요."

"수치를 보여주세요. 매출이 하락하고 있나요?"

"그렇진 않아요."

"그럼 그 지루한 쇼로 돈을 더 벌 방법이나 찾으세요. 이대로 가면서 미디어를 더 구매하는 부분에 집중하라는 얘기예요. 새로운 미디어를 구매해 매출을 10퍼센트 더 쥐어 짜낼 수 있을지 알아보자고요. 전환되지 않은 리드에 대한 후속 조치를 강화할 방안을 추가하자고요. 텔레마케터들에게 3일마다가 아니라 매일 전화하게 하세요. 우리가 현재 가진 것을 극대화하는 지루한 작업을 좀 더 하자고요. 마법처럼 효과가 있는 것을 죽이지 말자고요. 지금 상태 그대로 놔두면서 방영 횟수를 늘릴 방법이나 찾자고요."

사람들은 어떤가? 황금알을 낳는 거위를 죽이거나 아니면 긁어 부스럼을 만들지 못해 안달이다. 그들은 내버려둬도 되는 일을 어떻게든 망칠 궁리를 하면서 마지막 한 방울까지 즙을 짜내기 위해 해야 하는 그 모든 지루한 일은 하지 않으려 애쓴다. 당신이 해야 할 일은 그 지루한 무엇이다. 지금부터 당신이 해야 할 지루한 일들에 대해 알아보자.

단순히 제품에 그치지 말고 프로세스까지 창출하라

많은 위대한 기업들이 고객과 대중, 심지어 투자자들에게 제품 기업으로 간주된다. 하지만 사실 그들은 프로세스 기업들이다. 번창할 수 있는 능력의 진정한 열쇠는 프로세스에 있다. 그와 더불어 리드와 잠재 고객 또는 고객을 확보한 후 얼마나 잘 관리하고 활용하느냐에 따라 성과의 정도가 달라진다.

거의 모든 소매 사업체의 프로세스는 끔찍하다. 아니, 사실 대부분의 소매업체에는 프로세스라 할 만한 게 없다고 해도

과언이 아니다. 그래서 아마존이 그들을 그렇게 쉽사리 죽일
수 있었던 것이다. 소매업체들의 상황을 들여다보자.

- 선반에 물건이 있다.
- 금전 등록기가 있다.
- 가까스로 다음 날 아침 가게 문을 연다.
- 사업주보다 더 많은 돈을 가져가는 누군가가 있다.
- 손님이 들어오기만을 바란다.

대부분 이렇지 않은가?

고객과 관련된 그들의 프로세스는 고객이 적합한 물건을
골라 구매하길 바라고, 점원이 짜증 나는 말을 하지 않기를 바
라고, 고객이 다시 와서 더 많이 구입하기를 바라는 것이다. 이
것이 그들의 전체 프로세스다.

레스토랑은 어떤가? 그들의 프로세스는 어떤가?

- 손님이 들어온다.
- 주문을 받고 음식을 제공한다.
- 손님이 음식값을 계산한다.
- 손님이 떠난다.
- 손님이 다시 찾아주기를 바란다.

이것이 그들의 전체 프로세스다. 베이조스라면 이런 상황을 보고 이렇게 말할 것이다. "진정한 프로세스가 어떤 것인지 다들 모르는군. 우리가 제대로 보여주지." 다시 한 번 강조하는데, 대부분의 소매업체에는 가장 기본적인 프로세스조차 없다.

다음 사례를 한번 살펴보자. 1983년 미국의 식료품 소매업체 히커리팜Hickory Farms은 모종의 프로세스 전술에 적잖은 금액을 투자했다. 대략 25만 달러 정도에 이르렀던 것으로 보인다. 그것은 계산대 직원이 참고할 수 있는 차트를 만들어 배포하는 것이었다. 손님이 소시지는 빼놓고 치즈만 산 경우, 계산대 직원은 차트를 보고 다음과 같이 말한다.

"그 치즈를 구매한 손님 대부분이 좋아하는 것은 이런 종류의 소시지입니다. 소시지도 조금 구매해보시겠습니까?"

당연히 소시지만 구매한 손님에게는 이렇게 말한다.

"그 소시지를 구매한 손님 대부분이 이런 종류의 치즈를 좋아했습니다. 치즈도 조금 드셔보실래요?"

히커리팜은 바로 이 차트로 엄청난 돈을 벌었다. 이것은 새로운 전술이 아니다. 1940년대까지만 거슬러 올라가도 비슷한 사례를 쉽게 찾을 수 있다. 당신 주변의 소매점 중 얼마나 많은 곳이 이에 상응하는 역학을 갖추고 있는가? 당신이 무언가를 구매하면 누군가가 쉽사리 이렇게 제안할 수 있는 역학 말이다. "저기요, 그것을 구매하셨으니 드리는 말씀인데 분명 손님께선 이런 것도 '필요하거나 원하거나 사용할 수 있거나 이것으로 혜택을 누릴 수' 있을 겁니다. 제가 가서 가져와볼까요?" 분명 당신이 흔하게 경험하는 상황은 아닐 것이다.

어버이날이나 크리스마스 시즌을 제외하고는 좀처럼 이런 제안을 듣기 힘들다. 수시로 레스토랑을 찾아 외식하는 손님들에게 '기프트 카드'를 할인가로 구매할 의향이 있는지 전혀 묻지 않는다. 이 얼마나 무뇌아에 가까운 바보 같은 행각인가? 연락처 정보도 묻지 않으며, 생일도 묻지 않는다. 보라. 프로세스라는 게 전혀 없다.

소매점에는 프로세스가 없다. 그들이 행하는 최선은 이런 것이다. "우리 멤버십 클럽에 가입하면 포인트 적립과 할인 혜택을 받을 수 있습니다." 전국적인 소매 체인은 대부분 멤버십 제도를 운영한다. 홀마크 매장에 가면 홀마크 골드클럽에 가입할 것을 권한다. "가입하면 할인받을 수 있습니다." 하지만 거기에도 진정한 프로세스는 없다.

아마존은 오래전부터 소시지 및 치즈 프로세스 같은 프로세스를 운영해왔다. 아마존에서 책을 살 때마다 "이봐, 그 책과 그 작가를 좋아한다면 아마 이런 책도 좋아할 거야"라는 식의 제안이 뜬다. 그들에게는 프로세스라는 게 있다. 그들의 오프라인 경쟁업체들에는 그런 종류의 프로세스가 거의 없다. 프로세스는 이렇게 중요하다. 괜찮은 사업을 정말로 수익성이 높은 사업으로 바꿀 수 있는 방안이다.

아마존이 위협적인 이유는 프로세스를 제대로 이해하고 있기 때문이다. 그들에게 희생되는 사업체들은 대부분 그것을

이해하지 못하고, 이해하더라도 적극적인 예방 조치를 기꺼이
취하지 않는다.

원칙은 다음과 같다.

중요한 것은　　일어나는 일이 아니다.
　　　　　　　　그 일이 일어나는 방식이다.
　　　　　　　　그 일이 일어나는 장소다.
　　　　　　　　그 일이 일어나는 시점이다.

프로세스가 좋을수록 돈이 더 많이 굴러 들어온다.

발명 대신에 공을 들여야 하는, 지루하지만 중요한 또 다
른 마지막 작업이 있다.

다른 사람들은 하지 않는 일을 하라. 유대감을 다져라

당신이 남성복 사업에 종사하고 있다고 가정해보자. 알다시피 경쟁이 치열한 분야다. 당신은 자신의 최우선 과업이 새로운 재킷, 새로운 바지, 새로운 신발 등 새로운 새것을 끊임없이 내놓는 것이라고 생각할 것이다. 하지만 그럴 필요 없다. 체인 사업체에 맞서 번성하는 것은 그리 어려운 일이 아니기 때문이다. 독립적으로 소유된 소매업체는 체인 사업체들이 할 수 없는 일을 할 수 있다. 무엇보다도 고객과의 진정한 소통이 가능하다.

"우리는 고객이 처한 특정 상황에 맞춰 우편물을 발송합니다. 영업 사원들은 연간 수차례 고객과 개인적으로 통화합니다. 이메일은 매주 보내고 있습니다."

그리고 이는 진정 대형 체인들은 하지 않고, 이해하지 못하며, 가치를 두지도 않는 사항들이다. 독립 소매업체는 이 모든 것 이상을 수행할 수 있으며, 그 결과 고객과 훨씬 더 강력한 유대감을 구축할 수 있다. 사람들은 자신에게 관심을 기울이는 상대와 거래하는 쪽을 선호하게 마련이다.

다음 사업은 타호 호숫가에 앉아
랩톱 컴퓨터로 운영할 것이다!

나는 댄 케네디를 통해 스스로 나의 미래를 책임지고 내가 원하는 삶을 살 수 있다는 것을 배웠다.

댄은 이렇게 말했다.

진정한 부는 돈을 많이 버는 데 있지 않습니다. 개인적인 성취감을 느끼며 원하던 생활방식을 누리는 방식으로 부를 쌓아야 진정한 부자가 될 수 있습니다.

이 말은 내가 끔찍이도 싫어하던 삶에서 벗어나기 위해 길고 힘든 여정을 시작했을 때, 나의 가슴속에 그대로 꽂혔다. 2002년 나는 일기장에 '다음번 사업은 타호 호숫가에 앉아 랩톱 컴퓨터로 운영하고 싶다'라고 썼다. 다음에 무슨 사업을 할 것인지 아무것도 정해진 게 없는 상태였지만, 나는 내가 원하는 삶의 방식에 대해서만큼은 나름의 비전을 가지고 있었다. 충분한 돈으로 원하는 대로 움직이고 여행하며, 원하는 곳에서 살 수 있는 자유가 바로 그것이었다.

2007년 나는 바닥재 소매업체를 위한 정보 마케팅 및 그룹 코칭 사업인 플로어링 석세스 시스템 Flooring Success Systems을 시작했다. 이후 나의 비전은 빠르게 현실이 되었다. 그리고 내 사업은 마케팅 서비스와 개인 코칭을 추가하면서 오늘에 이르렀다.

현재 나는 바닥재 소매업체를 위한 책 세 권을 발표한 작가며, 업계의 주요 전문 잡지에 글을 쓰는 칼럼니스트이고, 업계의 주요 행사에 초청받는 강연가다. 달리 말하면, 댄이 가르쳐준 포지셔닝 및 여타 전략의 상당 부분을 구현한 셈이다.

현재 나는 아내와 함께 콜로라도에서 사업을 운영하고 있다. 우리는 일단 내년 봄까지만 여기에 있을 계획이다. 작년에는 타호 호숫가를 포함한 캘리포니아 여러 곳에 거주하며 가족 및 친구들과 많은 시간을 보냈다. 타호 호숫가에서 지내는 동안 두 명의 친구와 함께 음악 녹음 프로젝트를 진행하기도 했다. 나는 요즘 정기적으로 제물낚시를 하러 다닌다. 다음 주에는 스카이다이빙 자격증을 취득하기 위한 첫 번째 수업에 참석할 예정이다. 우리는 원격으로 사업을 운영하면서 버진아일랜드와 플로리다 등지에서 몇 달씩 보내곤 한다.

다시 읽어보니 "꿈꾸는 삶을 살아라"라는 광고처럼 들리지만, 모두 사실이다. 그리고 재미있는 부분은 이것이 약 10년 전부터 꾸려온 나의 '평범한' 생활이라는 사실이다. 이 모든 것이 댄의 가르침 덕분이다. (나의 삶을 중심으로 사업을 구축하는 방법을 포함한) 댄의 가르침과 전략이 없었다면, 나는 오늘에 이르지 못했을 것이다. 나는 댄을 만난 것에 수시로 신께 감사를 드린다.

나를 포함해 사업가 수천 명의 삶에 큰 영향을 준 댄에게 다시 한 번 감사하고 싶다. 30대 초반 짙은 어둠과 깊은 절망에서 허덕일 때 댄은 내가 거기서 벗어날 방법과 나아갈 방향을 제시해주었다.

집 암스트롱Jim Armstrong | 플로어링 석세스 시스템Flooring Success Systems

10장

마녀의 눈에 침 뱉을 준비가 되었는가?

몇 년 전 마스터마인드 회의에서 짐 페어필드Jim Fairfield 박사가
자신의 업계 전반에서 비수기로 통하는 시기에 매우 공격적인
판촉 활동을 펼친 것에 관해 이야기했다. 그는 그것을 "마을
마녀의 눈에 침을 뱉는 것"이라고 칭했다.

레니게이드 백만장자는 마녀의 눈에 침을 뱉는 것을 좋아
한다.

• 업계의 규범은 위반하라고 있는 것이다.

- 규칙은 보통 사람들이나 지키는 것이다.

- 그것을 할 수 없는 212가지 방법은 그것을 할 수 있는 1
  가지 방법을 찾는 순간, 의미가 없어진다.

- 다른 사람들의 비판은 면역력을 강화해줄 뿐이다.

대부분의 사람들이 마을의 마녀를 두려워한다. 그들은 마녀의 관심을 끌지 않기 위해 할 수 있는 모든 것을 한다. 사실 대부분의 사람들은 교실에서 부끄러워 어쩔 줄 몰라하는 아이처럼, 어두운 밤거리에서 겁에 질려 두리번거리는 보행자처럼 삶을 살아간다. 그들은 실제로 몸을 움츠리고 눈에 띄지 않은 채 넘어가기를 기도한다. 업계의 동료들은 말할 것이다. "무리에 뒤섞여 움직이게. 괜한 파장 일으키지 말고."

MCI의 빌 맥고완Bill McGowan이 전화업계와 연방정부에 도전장을 내밀며 "누가 장거리 전화는 AT&T 소유래?"라고 일갈했을 때, 그는 마을 마녀의 눈에 침을 뱉은 거였다. 마찬가지로, 오스틴O'Steen이 변호사 광고 금지 조치를 단행했을 때, 지압 치료사들이 미국의학협회를 고소했을 때 그들은 마을 마녀의 눈에 침을 뱉은 거였다. 디즈니가 전문가 모두의 조언을 무시하고 출입구가 하나뿐인 놀이동산을 최초로 지었을 때, 그는 마을 마녀의 눈에 침을 뱉은 거였다.

물론 그렇게 용기 있게 움직인 자가 결과론적으로 승리를 거둔 경우, 모든 사람이 찬사를 보낸다. 하지만 패배한 자들은 저주를 받고, 욕을 먹고, 투옥되고, 기름에 튀겨질 수도 있다. 용기 있는 행동에는 그런 위험이 따른다. 일부러 문제를 찾아다닐 필요는 없다. 하지만 겁먹고 살거나 소심하게 살면서 성공할 수는 없다는 게 내 생각이다. 건실하고 신중한 조심성은 필요한 것이지만, 두려움이나 소심증은 떨쳐내야 마땅한 것이다.

마녀의 비밀을 알고 싶은가? '당신이 그들에게 힘을 주지 않는 한, 그들은 아무런 힘도 가질 수 없다.' 이것이 비밀이다.

우리 사업에서, 우리 삶에서 우리를 괴롭히는 마녀들은 대부분 우리가 그들에게 힘을 부여하기 때문에 위력을 갖는다.

우리 스스로 그들에게 지배받는 데 동의하기에, 우리 스스로 그들에게 무릎을 꿇기에 문제가 되는 것이다.

고용주와 동료, 사무실을 인질로 잡고 유세를 떠는, 이른 바 '없어서는 안 될' 직원에 대해 생각해보라. 나는 마그네틱 마케팅 코칭 그룹 회원들이나 의뢰인들에게서 그런 신화적이고 강력한 생물체의 존재에 대해 심심찮게 듣는다. 오랜 시간 고통을 겪다가 마침내 대담하게 이 악마를 죽이거나 악마가 돌연 스스로 빠져나가면 그 신화는 산산이 부서진다. 그런 직원은 없어서는 안 될 존재가 결단코 아니다. 사실, 그런 생물체를 제거할 경우 사업의 측정 가능한 모든 측면에서 즉각적인 개선이 나타난다. 사업가가 그 생물체의 실체를 인식하기만 한다면 말이다.

벤더나 업계의 '규칙', 업계의 '관행', 가격 '상한선', '다른' 업체 등을 인질로 잡고 유세를 떠는 말썽 많고 비합리적이며 불평 많은 의뢰인에 대해 생각해보라. 어떤 생물체가 불을 뿜어대며 당신이 원하는 방식이나 상황을 가로막든, 그놈이 얼마나 강력해 보이든, 더욱 용감하고 대담하게 직시해야 한다.

그 힘은 당신이 강력하다고 인정하는 한 계속 존재한다.

　레니게이드 백만장자가 되려면 반드시 이 교훈을 가슴에 새겨야 한다. 당신을 방해하고 괴롭히는 존재에 당신 자신이 힘을 불어넣어주고 있지는 않은가? 만약 그렇다면, 놈의 눈에 침을 뱉어라. 순식간에 움츠리며 쪼그라들고 슬그머니 도망갈 것이다. 중요하게 받아들여야 할 유일한 의견은 돈의 임자를 바꾸는 자의 견해다. 그렇기에 당신에게 돈을 주는 고객이 그렇게 중요한 것이다.

"그들이 돈을 내는 사람들이니까요."

　NBA 농구팀 댈러스 매버릭스Dallas Mavericks의 구단주이자 투자 유치 TV 쇼 〈샤크 탱크Shark Tank〉의 엔젤 투자자인 마크 큐반Mark Cuban이 한번은 인터뷰 자리에서

NBA와 부딪친 그 모든 사건에 대해 언급했다. 그는 협회로부터 가장 많은 벌금을 부과받은 구단주로 명성이 높다.

기자들은 그에게 다른 사람들이 어떻게 생각하는지 신경 쓰지 않는다는 평판에 대해 어떻게 생각하는지 물었다. 그는 이렇게 답했다. "맞습니다. 나는 다른 사람들이 어떻게 생각하는지 신경 쓰지 않습니다. 나는 내가 어떻게 생각하는지도 신경 쓰지 않습니다. 내가 신경 쓰는 유일한 것은 팬들이 어떻게 생각하느냐 하는 부분입니다. 그들이 모든 비용을 지불하는 사람들이기 때문입니다."

레니게이드 백만장자의 사업 목적

레니게이드 백만장자는 자신이 사업을 하는 목적을 정확히 이해한다. 그들은 다음과 같은 매우 기본적인 개인 재정 원칙에 준거해 생활한다.

자신의 몫부터 챙긴다.

사업가의 전형적인 재정 할당 방식은 다음과 같다.

- 돈을 줘야 할 다른 모두에게 먼저 지불한다.
- 내거나 갚아야 할 모든 돈을 내거나 갚는다.
- 그리고 남는 게 있으면 일부 챙긴다.

그렇지 않은가? 문제는 남는 게 없는 경우가 많다는 것이다. 때로는 전에 가져갔던 돈을 가져와 다시 집어넣기도 한다. 안 그런가? 당신은 그런 적이 없는가? 대부분의 사업가가 그렇지 않은가? 그렇다. 이것은 정확히 틀린 방식이다. 게임의 올바른 운영 방법과 상극을 이루는 방식이다.

게임을 운영하는 올바른 방법은 다음과 같다. 당신이 받아야 마땅한 몫부터 먼저 챙겨라. 만약 당신의 몫부터 챙길 수가 없는 상황이라면, 사업 전체에 문제가 있는 것이다. 따라서 가능한 한 빨리 해당 사업에서 손을 떼어야만 한다. 레니게이드 백만장자로서 당신의 임무는 매일 또는 매주, 매월, 매년 기준으로 사업에서 부를 추출해 사업 외부에서 부를 축적하는 것이다.

기본적으로 대부분의 사람들이 사업의 목적 자체에 대해 잘못된 생각을 가지고 있다.

- 진보주의자들은 사업의 목적이 사람들을 고용하기 위한 것이라고 믿게 만들려고 애쓴다.

- 정부는 사업의 목적이 세금을 내기 위한 것이라고 생각한다. 안 그런가? 실로 그렇다.

- 지역사회는 사업의 목적이 공공 복지에 기여하기 위한 것이라고 생각한다.

- 그리고 너무 많은 사업가가 사업의 목적이 남 밑에서 일하는 것에서 해방되기 위한 것이라고 생각한다.

레니게이드 백만장자는 사업이 부를 축적할 돈을 창출하기 위한 도구이자 장치이자 수단이라는 것을 이해한다. 이것은 기존과 다른 패러다임으로, 극소수의 사람들만이 이 패러다임으로의 전환에 성공한다.

레니게이드 백만장자만이 만끽할 수 있는 쾌감

- **당신을 둘러싼 바보들이나 보통 사람들보다 훨씬 더 우월하다는 사실**

  그렇다. 남들은 모르는 많은 것을 안다는 것은 대단히 만족스러운 일이다. 경영대학원을 나온 경영학 석사나 〈어 프렌티스The Apprentice〉 같은 TV 쇼에 나오는 변호사들이 현실 세계에서는 가판대조차도 제대로 운영하지 못한다는 사실을 생각해보라. 크고 멍청한 기업들의 자멸적 행보를 지켜보는 맛은 또 어떠한가.

- **고객이나 의뢰인과 거래를 끊을 수 있다는 사실**

  고객이나 의뢰인은 획득하기 어려운 대상인 만큼, 당신은 그들과의 거래가 단절되는 데 무슨 기쁨이 따르느냐고 반문할 수도 있다. 일반적으로는 당신의 생각이 옳다. 그러나 언제든 그렇게 할 수 있는 능력을 갖추면, 여기에 진정한 즐거움이 따른다는 사실을 깨닫게 될 것이다.

- **수요일에도 쉬거나 어느 한 주 통째로 쉴 수 있다는 사실**

  뒷마당 데크에서 커피를 즐기며 이웃 모두 차에 올라타 꼬리에 꼬리를 물며 출근하는 모습을 지켜보는 여유로움은 어떨까? 또는 당신이 뭐하는 사람인지 이웃이 궁금해하는 모습을 지켜보는 즐거움은? 상상에 맡기겠다.

- **연금술**

  돈벌이가 무엇보다 쉬워진다. 모종의 제안이나 판촉, 광고 등을 고안해 거기에 생명력을 불어넣으면 돈이 쏟아져 들어오는 것을 지켜볼 수 있다. 그보다 더 만족스러운 것이 어디에 있을까?

  나는 록밴드 키스Kiss의 리더 진 시몬스Gene Simmons가 공연 자체보다 경기장을 가득 메운 청중과 티켓 판매량, 굿즈 판매에서 더 많은 만족을 얻는다는 것을 알고 있다. 록 음악은 누구나 연주할 수 있다. 수많은 팬과 티케팅 파워, 굿즈 대량 판매는 아무에게나 따라붙는 혜택이 아니다. 고객이 당신의 매장이나 행사에 구름처럼 몰려드는 것을 볼 때, 당신의 책이나 도구 또는 핸드 로션을 사는 것을 볼 때, 당신의 TV 광고나 잡지 광고를 보는 것을 볼 때, 그럴 때 특별한 무언가가 느껴진다. 다른 사람들은 배짱이 없어서 못 하는 무언가를 당신이 하고 있다는 증거니까 말이다. 대부분의 사람들이 그에 따르는 혜택은 누리고 싶으면서도 실제로 그렇게 하지는 못한다. 그럴 배짱이 없기 때문이다.

● 회복력

이상하게도 레니게이드 백만장자들은 자신의 명백한 성공 스토리보다는 재난과 사투를 벌이고 회복한 이야기를 훨씬 더 즐겨 입에 올린다. 이게 어쩌면 그렇게 이상한 게 아닐 수도 있다. 다른 사람들과 달리 레니게이드 백만장자는 자신을 구원할 수 있는 방법을 알고, 그에 관련된 상황을 완전히 통제할 수 있으니까 말이다. 거기에도 물론 기쁨이 따른다.

- 부

부에 대한 쾌감은 길게 설명할 필요가 없을 것이다. 인용해서 한마디 하겠다. "나는 빈자도 되어봤고 부자도 되어봤는데 부자가 더 낫다." 물론 완벽한 것은 아니다. 500달러짜리 문제에는 시달리지 않게 되지만, 5만 달러나 50만 달러짜리 문제가 새로 생길 테니까. 그래도 부자인 게 더 낫다.

레니게이드 백만장자의 가장 중요한 교훈

얼마 전에 이런 질문을 받았다. "지금까지 배운 가장 중요한 교훈은 무엇입니까?"

나의 대답은 이랬다.

"그것은 바로 가장 중요하고 확장 가능한 단일 자산을 소유하고 통제할 수 있는 포지션에 자신을 올려놓아야 한다는 교훈입니다. 여기서 그 단일 자산은 지속적으로 기꺼이 나에게 돈을 쓸 충분한 수의 고객이나 의뢰인, 환자 등을 말합니다. 그런 포지션에 오르고 나면, 어떤 종류든 재정적 필요가 발생할 때마다 또 다른 판촉 활동이나 또 다른 제품, 또 다른 이벤트를 구상하거나 찾기만 하면 됩니다. 나의 단일 자산이 내가 필요로 하는 것을 제공해줄 테니까요."

레니게이드 백만장자가 되는 것에 대해

친구가 준 《헛소리 1도 없는 다이렉트 마케팅 No B.S. Direct
Marketing》이라는 책을 읽자마자 나는 댄 케네디의 열렬한 팬이
되었다. 이후 나는 그의 코칭 그룹 회원이 되었고, 그가 마련한
교육 과정들을 차례로 밟았으며, 그가 여는 행사들에 (여건이
허락하는 한) 빠짐없이 참석했다.

　　여기 당신의 사업을 개선하는 데 도움이 될, 내가 그에게서
배운 4가지 교훈을 소개한다.

1. 언제나 CTACall to Action를 포함해야 한다. CTA란 고객이나 사용자의 행동이나 반응을 유도하는 행위 또는 요소를 말한다. 댄의 가르침을 받기 전, 나는 인식 제고 캠페인의 여왕이었다. 나는 홍보 대행사를 운영했는데, 내 의뢰인과 우리 회사의 이름을 밖에 알리는 일을 정말 잘했다. 댄은 (단지 이름을 알리는 데 그치지 말고) 잠재 고객들이 취해주었으면 하는 다음 행보까지 항상 포함해야 한다는 개념을 내게 가르쳐주었다. 또한 그것을 그냥 어림짐작으로 추정해서는 안 된다고 강조했다. 예를 들면, 페이스북 광고에는 웹이나 참여를 선택하게 하는 CTA를 넣어야 하고, 블로그 끝부분에는 웹사이트의 알림에 동의하게 하는 CTA를 포함시켜야 하며, 페이스북 라이브 비디오 끝부분에는 구매에 이르게 하는 CTA를 삽입해야 한다. 그 이유는? 효과가 있기 때문이다.

2. 마케팅 지출은 측정된 성과를 기반으로 해야 한다. 이른바 성과 기반 마케팅이다. 성과가 나오는 동안에는 더욱

많은 돈을 투입하라. 성과가 나오지 않는 마케팅에는 한 푼도 쓰지 마라.

3. 고객 확보에 가장 많은 비용을 지출할 수 있는 자가 승리한다. 가능한 한 가장 저렴한 리드를 찾는 대신 각각의 캠페인에 가장 많은 돈을 쓸 줄 알아야 결승선에 도달할 수 있다.

4. 하나는 가장 외로운 숫자다. 1가지 트래픽 소스에만 의존하지 마라. 절대로 그래선 안 된다. 페이스북은 내일 당신 계정을 차단할 수 있고, 웹사이트는 언제든 해킹당할 수 있으며, 인스타그램은 돌연 종료될 수 있다. 따라서 항상 한 번에 둘 이상의 채널을 가동해야 한다.

부록

레니게이드 백만장자 선언문

이 책의 주제는 평범한 사업체를 부를 창출하는 비범한 자산으로 탈바꿈시키는 것이다. 핵심 아이디어는 다음과 같다.

- 머니 피라미드

  1% 부유한 삶

  4% 순조롭고 여유로운 삶

  15% 괜찮은 삶

  60% 재정적으로 끝없이 투쟁하는 삶

20% 근근이 연명하는 삶

● **사업체의 5가지 힘의 원천**

고객 리스트·관계

평판(어떤 사업체로 알려져 있는가?)

마케팅

마케팅의 구체적인 우위

선명성

● **정확한 사고**

사람들을 보고 싶은 대로 보지 말고 그 실체를 볼 줄 알아야 한다. 직원과 고객, 거래처 등과 관련해서 누구와 일하고 누구를 뿌리째 솎아내야 하는가? 항상 신중에 신중을 기해 판단하고 조심하라.

□ 코칭으로 개선 가능한 사람들은 곁에 두고 나머지는 멀리하라. 해고는 빠르게, 고용은 천천히 진행하라. 특

별한 사람들에게 특별한 기회를 만들어줘라. 사람만
이 아니라 이윤까지 관리하고 모든 규범을 거부하라.

☐ 의견은 중요하지 않다. 사실이 중요하고, 테스트 결
과가 중요하며, 돈이 중요하다.

☐ 누구든 스스로 지불하는 만큼 얻는다. 즉, 뿌린 대로
거두는 법이다.

● **노력의 조직화**

대부분의 사람들이 노력한 바는 엄격한 거버넌스나 사업
편성 이론, 철학, 윤리, 명확한 계획 등을 중심으로 조직
되지 않는다. 대부분의 노력은 불안정하고 반응적이며 무
작위적이다. 사람과 사업체는 쉽사리 길을 잃는다.

레니게이드 백만장자는 일관적이다. 다른 사람들은 일관
성이 없다. 일련의 지침, 원칙들과 일관성을 유지하려고
노력하는 조직화 시스템을 개발하는 것이 중요하다. 이것

이 사업가가 관리해야 하는 그 모든 연속적인 의문과 전략, 프로그램, 솔루션, 기회 등에 대해 '수용' 또는 '거부'를 결정하는 무엇이 된다. 대부분의 사람들이 전략을 찾기 위해 전술을 사용한다.

"원칙 없는 전략은 시간이 지나면 사라지거나 압박을 받으면 무너지는 경향이 있다."

댄 케네디

- 빅 아이디어
  최고의 기업은 적어도 후원자들의 생각에는 (돈을 버는 것 외에도) 모종의 대의를 표방한다.

- 모든 제한과 제한적 정의를 거부한다
  다른 사람이 말하는 제한과 스스로 생각하는 제한 모두를 거부해야 한다. 구멍을 통해 상황을 보면 그보다 더 큰 것은 볼 수 없다. 레니게이드 백만장자는 전후와 좌우, 안팎과 상하를 가리지 않고 가능한 한 최대한의 정보와 아이디어를 얻는다. 그들은 읽고, 보고, 듣고, 찾아가고, 구매한다. 그들에게는 경계도, 한계도, 안팎을 구분해 색칠해야 할 선도 없다.

- **시간은 가장 소멸하기 쉬우며**
  그 무엇으로도 대체할 수 없는 자산이다
  가능한 한 모든 면에서 이를 기준으로 시간을 다루어야 한다. 무엇이든 처음부터 시작할 여유는 없다. 레니게이드 백만장자는 창의성과 발명에 매료되지 않고 결과와 이익, 속도에 열광한다(기회는 창안의 대상이 될 수 있지만, 그 창안의 방법은 그렇지 않다. 그런 것들은 숨겨져 있을 뿐이다).

- **효과 있는 일에 전념한다**
  구식이든 신식이든 관계없다. 오래된 것과 새로운 것은 공존할 수 있다. 상호 배타적이지 않다. 옛것에 얽매이지 않도록 주의하고, 옛것을 버리라는 새것의 유혹을 경계하라.

- **오래 지속되도록 구축한다**

  사업은 전력질주가 아니라 마라톤이다. 현재의 은행과 미래의 은행에 동시에 저축해야 한다. 대부분의 사람들은 판매하기 위해 고객을 확보하지만 레니게이드 백만장자는 고객을 확보하기 위해 판매한다. 사업체의 수익이 실제로 어디에서 오고 어디에 진정한 자산이 위치하는지 제대로 이해해야 한다.

- **무풍지대를 창출해 그 안에서 논다**

  광고 및 마케팅의 최우선 목표는 잠재 고객을 경쟁 없는 영역에 배치하는 것이어야 한다. 그래야 잠재 고객이 당신에게 온전히 집중하며, 당신에게서만 구매하려는 사전 결정을 강화하게 된다.

- 우리는 '물건'을 판매하지 않는다

  기억해야 할 중요한 것은 레니게이드 백만장자는 제품을 판매하는 것이 아니라 심리적 반응을 일으키는 데 주력한다는 사실이다. 모든 돈은 의미를 찾아간다. 사람들은 정신적, 정서적 이유로 구매한다.

- 소심하고 겸손하고 온유한 사람들은
  땅이나 상속받기를 기다려라

  광고나 마케팅, 판매 분야에는 소심증 환자가 들어설 공간이 없다.

- 가장 가치 높은 사업은 제품 사업이 아니라 프로세스 사업이다

  프로세스가 많을수록, 더 복잡하고 정교할수록, 더 엄격할수록(따라서 일관적일수록), 더 많이 강제될수록, 더 많은 돈이 굴러 들어온다.

- **고객 확보 과정에 더 많이 지출할수록
  더욱 성공적인, 난공불락의 강력한 사업체가 된다**

  대다수의 사업가는 가능한 한 적은 비용을 지출하기 위해 모든 측면에 노력을 기울인다. 그렇게 그들은 간헐적으로 이용하는 소수의 미디어 옵션으로 스스로를 엄격하게 제한한다. 그리고 일단 확보한 고객은 심각하게 제한된 방식으로 '양육'한다. 레니게이드 백만장자는 정반대다. 모든 미디어 옵션을 공격적으로 사용하고 확보 고객의 '육성'에 역동적으로 투자한다.

- **더 적게 만들고 더 많이 구현한다**

  문제가 무엇인지 신중하게 파악하고 실질적인 문제에 초점을 맞춰야 한다. 끝없는 '재장식과 재치장' 유혹에 휘말리지 마라. 기존의 지루한 일을 이어가고, 그것의 효과가 사라지기 전까지는 고수하거나 강화하라.

- 레니게이드 백만장자가 될 준비가 되셨습니까?

- 'www.renegademillionaire.com/books'에서 무료로 제공하는 레니게이드 백만장자 마케팅 진단평가를 받아보시기 바랍니다.

레니게이드

1판 1쇄 인쇄	2022년 10월 11일
1판 1쇄 발행	2022년 10월 20일
지은이	댄 S. 케네디 • 리 밀티어
옮긴이	안진환
펴낸이	백영희
펴낸곳	(주)너와숲
주소	08501 서울시 금천구 가산디지털1로 225 에이스가산포휴 204호
전화	02-2039-9269
팩스	02-2039-9263
등록	2021년 10월 1일 제 2021-000079호
ISBN	979-11-92509-05-1 03320
정가	16,800원

ⓒ 댄 S. 케네디 · 리 밀티어 2022

이 책을 만든 사람들

편집	허지혜
홍보	박연주
디자인	지노디자인
마케팅	배한일
제작처	예림인쇄